Für meine Familie, meine Freunde und, allen voran, für Dr. Volker Heilmann mit seinem hervorragenden Team – ohne sie alle wäre das Buch nicht entstanden.

Heike Tenta

... acht, neun, zehn!

Die Zahlen von 0 bis 10 im Kindergarten spielerisch kennen lernen

Gerne nehmen wir Ihre Anregungen, Wünsche, Kritik oder
Fragen entgegen:
Don Bosco Medien GmbH, Sieboldstraße 11, 81669 München
Servicetelefon: 0 89 / 4 80 08-341

Bibliografische Information Der Deutschen Bibliothek

Die Deutsche Bibliothek verzeichnet diese Publikation in der
Deutschen Nationalbibliografie; detaillierte bibliografische
Daten sind im Internet über http://dnb.d-nb.de abrufbar.

ISBN 978-3-7698-1725-6
1. Auflage 2009
© 2009 Don Bosco Verlag, München
Umschlagillustration und Gestaltung: ReclameBüro, München
Illustrationen: Heike und Max Tenta; ReclameBüro, München
Satz: undercover, Langweid/Foret
Druck: Don Bosco Druck & Design, Ensdorf

Gedruckt auf umweltfreundlichem Papier

Inhalt

Ein wenig Theorie vorab

Zahlen gibt es überall – sie sind allgegenwärtig und finden sich im Kindergarten an jeder Ecke: Es gibt eine Bastelecke, zwei Schaukeln, vier Toiletten. Als Entdeckungsreise verpackt, macht Zählen Spaß. Dieses Buch geht in spielerischer Form mit unterschiedlichen, kreativen Angeboten und Ideen auf die natürliche Neugierde und Lernlust der Vorschulkinder ein. In diesen Lernprozess werden alle Sinne miteinbezogen. Kindgerechte Bewegungsspiele, Wahrnehmungsspiele, Geschichten, Fingerspiele und Abzählreime werden angeboten, zudem liegt ein Schwerpunkt im gestalterischen Bereich. Zu jeder Zahl finden Sie neben Spielideen einen Vorschlag zur Gestaltung, zum Beispiel Drucktechniken, Collagen, Reißbilder und vieles mehr. Mit den selbst gestalteten Zahlenbildern können die Kinder nach und nach ihr eigenes Zahlenbuch herstellen (Anleitung siehe S. 10), auf das sie sicher sehr stolz sein werden!

Bei jeder Aktivität werden gleichzeitig unterschiedliche Bildungsbereiche angesprochen. Spielerisch und ganz nebenher werden Sprachkompetenz, Ausdauer, Konzentration, Auge-Hand-Koordination, Wahrnehmungsfähigkeit, Kreativität, das Gedächtnis und die Vorstellungskraft geschult – lauter wichtige Voraussetzungen für einen gelungenen Schulstart!

Neben weiteren mathematischen Inhalten (Größen, Formen, Gewicht, Zeit und Raum), die wir in diesem Buch bewusst unberücksichtigt lassen, spielt das Grundverständnis über Zahlen und Mengen eine zentrale Rolle für die Entwicklung mathematischer Kompetenzen.

Zahlen sind Wörter und Zeichen einer bestimmten Sprache – der Mathematik. Mit ihrer Hilfe können wir bestimmte Muster beschreiben. Wann der Mensch mit dem Zählen begonnen hat, liegt im Dunkeln der Menschheitsgeschichte.

Am Anfang war der Mensch nicht fähig, Zahlen zu erfassen, er konnte noch nicht zählen. Heutzutage gibt es noch einige ursprüngliche Völker in Afrika

und Südamerika, die sich in einem solchen Urzustand des Zahlenbewusst-
seins befinden. Eins, zwei und viele sind die einzigen numerischen Größen,
die diese Eingeborenen wahrnehmen können.
Da alle einmal damit anfingen, mit den Fingern zu zählen, basieren die
meisten gegenwärtig existierenden Zahlensysteme auf der Zahl 10.

Was genau ist aber eine Zahl? Diese Frage lässt sich bei bewusstem
Nachdenken gar nicht so leicht beantworten. Eine Zahl kann verschiedene
Bedeutungen haben: vier Äpfel, Hausnummer 4, Telefonnummer 444, vier
Minuten. Die Mathematik unterscheidet den Anzahlaspekt, auch Kardinal-
zahlaspekt genannt (vier Äpfel), den Ordnungsaspekt (Ordinalzahlaspekt)
– z.B. Hausnummer 4, den Codierungsaspekt (z.B. Telefonnummer 444),
den Rechenzahlaspekt (z.B. viermal Zähneputzen) und den Maßzahlaspekt
(z.B. vier Minuten, vier Meter). Für die Entwicklung eines grundlegenden
Zahlenverständnisses bei Kindern sind vor allem die ersten beiden Aspekte
wichtig.
Der Anzahlaspekt beschreibt eine Zahl als Anzahl von Mengen unterschiedlicher Objekte (z.B. drei Kinder, fünf Finger, vier Tische) und umgibt
uns im Alltag überall.
Beim Ordnungsaspekt werden die Zahlen mit einer Reihenfolge verknüpft
(Hausnummer 4, das fünfte Kind usw.).

Kinder sollen gemäß den neuen Bildungs- und Erziehungsplänen früh
Gelegenheit bekommen, mathematische Lernerfahrungen zu sammeln
und über unterschiedliche Aktivitäten und Angebote einen breiten Zugang
zur Mathematik finden. Mathematisches Grundwissen und Denken soll
bereits im Kindergartenalter gefördert werden, um bedeutsame Vorläufer-
kenntnisse für mathematische Kompetenzen zu schulen.
Ganz neu ist diese Idee nicht, denn schon Maria Montessori sagte, immer
dort, wo wir vergleichen, ordnen, sortieren oder messen, ist unser mathematischer Geist zu finden. Die Entwicklung des mathematischen Denkens
und der mathematischen Fähigkeiten fängt also schon beim Kleinkind an.

Ein spielerischer, abwechslungsreicher Zugang in die Welt der Zahlen kann den Übergang in die Schule wesentlich erleichtern. Die Kinder im Kindergartenalter haben noch alle Zeit, ohne Druck viele konkrete sinnliche und motorische Erfahrungen und Handlungen auszuleben, zu wiederholen und zu probieren, um so abstrakte Inhalte besser verstehen und verinnerlichen zu können.

Mathematisches Lernen in der Kita vollzieht sich in vielen Alltagssituationen (beim Tischdecken wird sortiert und gezählt, Dinge werden gleichmäßig verteilt, Muster gelegt, Altersangaben gemacht, beim Treppensteigen usw.). Um erste mathematische Kenntnisse zu entwickeln, brauchen die Kinder sinnliche Erfahrungen durch eigenes Entdecken und Probieren, aber auch das angeleitete, praktische Spiel mit der gezielten Unterstützung von Erwachsenen. Dabei sollte immer die Freude am konkreten Tun im Vordergrund stehen – schulische Lernformen gehören in die Schule.
In einer geeigneten Lernumgebung haben die Kinder freien Zugang zu Materialien, die sie spielerisch erforschen und mit denen sie experimentieren können.
Maria Montessori sieht das kleine Kind als unermüdlichen „sensorischen" Forscher an, der alles **be**-greifen will, deshalb muss dem Kind früh die Gelegenheit gegeben werden, mit seinen Händen konkret lernen zu können. Geeignetes Material spielt deshalb eine wichtige Rolle, zudem sind häufige Wiederholungen mit allen Sinnen nötig, um abstrahieren zu lernen und die Zahlen zu verinnerlichen.

Mit ansprechendem Material, das zum Hantieren motiviert, üben und festigen die Kinder ihr mathematisches Verständnis und Denken. Das Material sollte so beschaffen sein, dass es vom konkreten Handeln zum abstrakten Denken führt.
Neben vielen Alltagsgegenständen, die zum Zählen, Sortieren , Messen usw. benutzt werden können, ist es hilfreich, zusätzlich Materialien wie zum Beispiel Zahlenkarten aus festerer Pappe bereitzustellen. Die zu vielen Spielen im Buch benötigten Zahlenkarten können, aus Pappe zurechtge-

8

schnitten, selbst hergestellt werden. Kopiervorlagen für die Zahlen finden Sie auf der Seite 104. Die Karten sollten auf der Rückseite mit der entsprechenden Menge an Punkten passend zur Zahl versehen werden. Die Punkte werden jeweils paarweise angeordnet, z.B. ⚁ oder für ungerade Zahlen z.B. ⚄. Wer die Möglichkeit hat diese Karten zu laminieren, kann das Material haltbarer gestalten.

Dabei haben sich die unterschiedlichen Kartensätze in verschiedenen Bildkartengrößen bewährt: Größere Zahlenkarten eigenen sich für Gruppen- und Bewegungsspiele, kleinere Formate sind für Spiele am Tisch besser geeignet. Es empfiehlt sich, mehrere Kartensätze in unterschiedlichen Bildkartengrößen herzustellen, die in Zuordnungsspielen oder bei Partnerspielen kombiniert werden können.

Die bei vielen Spielen verwendeten Moosgummizahlen, die es ermöglichen, die Ziffern ganz konkret zu be-greifen, gibt es preiswert bei vielen Kindergartenausstattern zu beziehen. Sie können aber selbstverständlich ebenso gut auf das im Kindergarten bereits vorhandene Material wie Holz- oder Magnetziffern zurückgreifen.

Auf Altersangaben wurde bei den Spielen bewusst verzichtet. Solche Angaben schränken zu sehr ein oder treffen gar nicht erst zu! Außerdem ist es wünschenswert, dass Kinder unterschiedlicher Altersgruppen miteinander spielen und lernen! So profitieren alle voneinander, die Großen durch Wiederholung und die Kleinen lassen sich von den Älteren sehr gerne etwas zeigen!

Mein Dank geht an die Mathematiklehrerin Sonja Hartl für Ihre freundliche Unterstützung. Sie steuerte auch zwei Spiele bei (S. 98 „Zahlen drücken" und S. 100 „Alle Finger zeigen").

Ich wünsche Ihnen und den Kindern viel Spaß beim ganzheitlichen und lebendigen Spielen und Lernen, beim Experimentieren und Ausprobieren eigener Ideen!

Heike Tenta

Das Zahlenbuch

Material • Sammelmappe aus festem • Klarsichtfolien
Karton DIN A4 oder Ordner

Zu jeder einzelnen Zahl finden Sie in diesem Buch Gestaltungsvorschläge, die natürlich auch umsetzbar für alle anderen Zahlen sind.
Stellen Sie zusammen mit den Kindern ein eigenes Zahlenbuch her, in dem bemalte, bedruckte, beklebte und beschriebene Blätter aufbewahrt in Klarsichtfolien gesammelt werden.

So können die einzelnen Bilder oder Fotos je nach Projekt zu den Zahlen immer wieder ergänzt werden. Wer möchte, kann mit gelochten Zwischenblättern, die großflächig mit den Zahlen von 0 – 10 beschrieben sind, Einteilungen zur Zahlenreihenfolge vornehmen. So fällt es den Kindern leichter, ihre Blätter einzusortieren und zu ordnen.
Gehen Sie mit den Kindern ab und zu diese Sammelmappe durch, um die richtige Zahlenreihenfolge zu kontrollieren.

Die Mappe sollte stets zugänglich für die Kinder aufbewahrt werden, damit sie in ihrem Zahlenbuch blättern und nachsehen können, wann immer sie wollen.

Sie werden sehen, wie stolz die Kinder auf ihr selbst gestaltetes Werk sein werden!

Damit es keine Verwechslungen gibt, darf jedes Kind die Außenseiten seiner Mappe bemalen und seinen Namen darauf schreiben.

Variationen

- vorgefertigte Blanko-Hefte, Spiralbücher oder Leporellos kaufen
- mit einem Spiral-Bindegerät ein Buch herstellen
- ein Schulheft oder Fotoalbum benutzen

Die Null

Schwer oder leicht?

Material	• Zahlenkarten von 0 bis 9	• Bauklötze
	• kleine Eimer oder Stapeldosen	

Die Zahlenkarten werden am Boden ausgelegt, je nach Alter und Wissensstand der Kinder werden diese anfangs dosiert angeboten z.B. von 0 bis 5. Etwas entfernt im Raum liegen Bauklötze für die Kinder bereit.
Nun dürfen die Kinder der Reihe nach die passende Menge an Bauklötzen zu den Zahlenkarten tragen – dabei spüren sie genau, wann viel – wann

wenig getragen wird! Der Eimer mit der Null ist natürlich am leichtesten!
Die jeweilige Anzahl an Bauklötzen wird zu der passenden Zahlenkarte
geordnet und gemeinsam mit den anderen Kindern gezählt.

Schneckenwettlauf

Die Kinder stellen sich in zwei Reihen gegenüber auf. Der Abstand der zwei
gleich großen Gruppen beträgt ungefähr vier bis fünf Meter.
Die Erzieherin gibt nun unterschiedliche Anweisungen, zum Beispiel: „Geht
alle vier kleine Schritte aufeinander zu, dabei Fuß an Fuß stellen! Geht
einen Schritt zurück! Nun fünf große Schritte vorwärts! Geht NULL Schritte zurück!" Jetzt müssen die Kinder besonders gut aufpassen und stehen
bleiben!
Wenn beide Reihen direkt voreinander stehen, ist das Spiel beendet.

Null Aufträge!

Die Kinder sitzen im Stuhlkreis. Nun flüstert ihnen die
Erzieherin Aufträge in das Ohr: einmal auf den Stuhl
stellen, fünfmal in die Hände klatschen, nullmal
auf den Boden stampfen, dreimal die Hand hoch
halten, mit den Fingern die Null zeigen, viermal
mit den Augen zwinkern.
Die anderen Kinder beobachten ganz genau: Wer
errät den Auftrag und die richtige Anzahl?
Später können sich die Kinder untereinander Aufträge zuflüstern, die aber ihm Rahmen bleiben sollten.
Deshalb unbedingt vorher verschiedene Möglichkeiten
von Aufträgen besprechen – die auch durchführbar
sind!

Zahlenmandalas

Material
- Schale, gefüllt mit Sand (oder direkt im Sandkasten)
- Kieselsteine
- Zahlensandformen von 0 bis 5 (z. B. von der Firma Betzold/Ellwangen)

Auch im Sandkasten lassen sich ohne großen Aufwand viele Zahlenspiele umsetzen.

Ebnen Sie mit den Kindern die Sandfläche und grenzen Sie mit einem Stöckchen ein Feld ein, indem Sie einen Kreis von ca. 15 cm Durchmesser einzeichnen.

Um den Kreis werden rundum die Zahlensandformen von 0 bis 5 eingedrückt. In diese Zahlenformen ordnen und zählen die Kinder nun jeweils die passende Menge an Kieselsteinen an – die Null bleibt leer!

Variationen
→ Wählen Sie nur eine Zahlenform aus, z.B. die „2", die kreisförmig in den Sand gedrückt wird, in jede Zahl kommen zwei Kieselsteine.
→ Die passende Menge direkt in die Zahlensandform zählen
→ Zahlenraum erweitern – zu jeder Zahl extra ein Mandala gestalten
→ Zahlenreihenfolgen als Mandala in den Sand drücken

Kniffelige Sandkuchen

Material	• verschiedene Sandformen wie z.B.: Stern, Dreieck, Kreis, Rechteck (zu beziehen z.B. bei der Firma Betzold/Ellwangen)	• Zahlensandformen von 0 bis 9 (siehe oben)

Auch dieses Spiel lässt sich wunderbar im Sandkasten umsetzen: Ebnen Sie eine größere Sandfläche. Drücken Sie nun mit den Kindern zusammen die Zahlensandformen von 0 bis 9 für jeden Teilnehmer in den Sand ein. Die Zahlen werden dabei der Reihenfolge nach untereinander angeordnet, je nach Alter und Kenntnisstand im Zahlenraum bis 9.
Jüngere Kinder beginnen mit den Zahlen von 0 bis 3. Benennen Sie dabei deutlich die Zahl und zeigen mit den Fingern die jeweilige Menge dazu. Jedes Kind drückt nun mit seiner Sandform (Dreieck, Kreis, Rechteck ...) hinter der Zahl die passende Menge in den Sand. Die Zahl Null bekommt nichts daneben eingedrückt, der Platz bleibt leer.

Variationen

→ Knifflige Aufgaben können die Kinder auch miteinander lösen: Eine Gruppe drückt eine falsche Menge hinter die Zahl, eine andere Gruppe muss den Fehler finden.
→ Passende Anzahl an Steinen dazu zählen
→ Wenn die Kinder Interesse haben, einfache Additionen und Subtraktionen dazu anbieten
→ Menge und Zahl auf Papier drucken lassen, wenn passende Stempel zur Hand sind
→ Auf Papier schreiben und malen lassen

Zahlen verbinden mit Sandformen

Material • Zahlensandformen • Stöckchen

In den geglätteten Sand werden die Zahlen jeweils zweimal ungeordnet in den Sand gedrückt. Beginnen Sie dabei je nach Alter und Wissensstand der Kinder im Zahlenraum von 0 bis 5.
Diese Zahlen verbinden die Kinder, indem sie mit Stöckchen im Sand einen Weg spuren: die 0 besucht eine Freundin – auch die 0, die 1 geht zur 1 usw.

Variationen
→ Zahlen der Reihenfolge nach verbinden lassen
→ mit dem Stock die Mengen in Form von z. B. Kreisen dazu malen
→ im Haus: großflächig auf Packpapier mit Wachsmalkreiden die Wege suchen

Angelspiel mit Zahlen

Material • kleine Zahlenkarten von 0 bis 5 • Schachtel (Aquarium)
 • Angeln (Holzstäbchen, Schnüre, • eine Schale mit Perlen
  kleiner Magnet) • für jedes Kind eine
 • Büroklammern aus Metall   kleine leere Schale

Die Angel zusammenbinden, die Büroklammer an den Zahlenkarten anbringen. Diese Karten werden nun mit der Angel aus der Schachtel gefischt. Die Kinder müssen entsprechend ihrer geangelten Zahl die jeweilige Menge an Perlen in ihre Schale zählen. Bei der Null gibt es nichts!
Wer zum Schluss am meisten Perlen hat, gewinnt. Beim Zusammenzählen kann die Erzieherin mithelfen.

Raketenstart

Die Kinder stehen im Raum, am besten in einer Turnhalle. Die Erzieherin zählt rückwärts: „Fünf, vier, drei … NULL!" Bei „NULL" starten die Raketen! Die Kinder rennen mit erhobenen Armen geräuschvoll durch den Raum. Beim Ruf: „Antrieb aus!" bleibt jedes Kind sofort stehen und der Countdown beginnt von vorne. Später dürfen die Kinder abwechselnd das Kommando übernehmen.

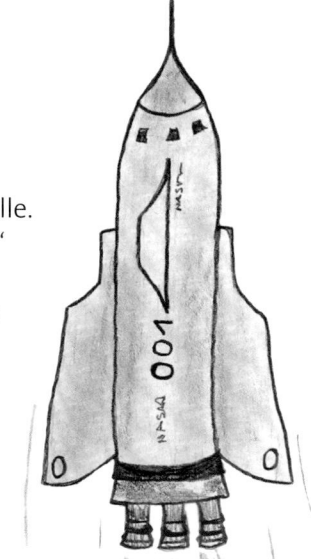

Für das Zahlenbuch: Zahlenraupe

Material	• weißes Zeichenpapier DIN A4	• Stempelkissen
	• Zahlenstempel „0"	• Stifte

Mit dem Zahlenstempel „0" kann eine schöne Raupe gestaltet werden: dazu die „0" in einer Reihe nebeneinander drucken, der Kopf entsteht durch das Drehen des Stempels. Weitere Einzelheiten wie Gesicht, Fühler oder Beine malen die Kinder mit Filzstift dazu.

Was passt noch in das Zahlenbuch?

Ideen zur Gestaltung:

Die Eins

Zahlentafeln zum Nachspuren

Material	• lufttrocknende Modelliermasse	• Teigroller und Messer
	• Plastikunterlage	• Klarlack

Die gut durchgeknetete Modelliermasse wird zu einer ca. 2 cm dicken
Fläche ausgerollt. Aus diesem Stück schneiden Sie ein Rechteck (ca. 10 x
15 cm) aus. Die Ränder werden mit dem Finger verstrichen und abgekantet.
Mit etwas Druck wird nun die Zahl mit dem Zeigefinger hineingespurt
und überschüssige Modelliermasse an der Seite verstrichen. Sobald die

Tafel getrocknet ist, kann sie mit Klarlack bemalt werden. Auf diese Weise können so nach und nach alle Zahlentafeln von 0 bis 9 hergestellt werden.

Die Kinder spuren in Schreibrichtung die Zahlen nach. So festigt sich die Form und die Schreibweise auch schon bei jüngeren Kindern, da die Vertiefung in den Tafeln eine sehr gute Führung und Halt bietet.

Variationen

➜ Zahl mit Bindfaden in der Vertiefung nachlegen
➜ Vertiefung mit kleinen Perlen füllen – mit dem Zeigefinger vorsichtig nachspuren
➜ Zahl nachspuren, benennen – passende Zahlenkarte zuordnen lassen
➜ Zahlenkarte dazu nachspuren lassen
➜ Zahl nachmalen auf Papier mit dicken Wachsmalkreiden

Fühlzahlen

Material	• Karten, aus Pappe oder Karton zugeschnitten (ca. 15 x 10 cm)	• Pfeifenputzer • Klebstoff

Die Zahlen prägen sich nicht nur visuell, sondern auch taktil in das Gedächtnis ein. Das Nachspuren mit den Schreibfingern ist zusätzlich eine intensive Vorbereitung und Festigung der Schreibweise. Fühlzahlen können leicht selbst hergestellt werden. Die Zahlen werden aus Pfeifenputzern zurechtgebogen und auf festes Zeichenpapier oder Pappe geklebt. (Wollreste, Wellpappe, Samt, Bast oder zurechtgeschnittener Filz eignen sich ebenso). Auf die Rückseite der Karte wird die entsprechende Menge gemalt, z. B. Knöpfe oder Punkte.

Spielmöglichkeiten

→ Die Kinder spuren mit den Schreibfingern die Zahl nach. Achten Sie dabei auf die Schreibrichtung, damit sich keine falschen Bewegungsabläufe abspeichern, die später in der Schule schwer zu korrigieren sind.

→ Die Kinder suchen sich eine Fühlkarte aus, spuren die Zahl nach und legen die passende Menge dazu (entsprechende Menge an Knöpfen, in einer Schachtel aufbewahrt, dazu anbieten. Die Knöpfe sollten sich in der Größe, Form und Farbe nicht wesentlich voneinander unterscheiden.)

Variationen

→ Zahlen in Sand spuren
→ in Seife, Wachs oder Ton ritzen

Fühl-Memory

Die Zahlen werden, wie oben bei den Fühlzahlen beschrieben, auf jeweils zwei Karten mit denselben Materialien aufgeklebt. Das Kind tastet blind die Formen ab und ordnet die Zahlen paarweise zusammen. Auch hier dienen zur Kontrolle die aufgemalten Mengen auf der Rückseite der Karten.

Zahlen-Wandschmuck

Zahlen als Zimmerschmuck wirken sehr dekorativ und können zudem bei vielen Gelegenheiten und Spielen eingesetzt werden. Kommen Zahlen zur Sprache, zum Beispiel bei Wochentagen, Geburtstagen oder Alter der Kinder, kann auf die jeweilige Zahl an der Wand hingewiesen werden; Kinder suchen neu gelernte Zahlen an der Wand oder benutzen die Zahlen als Vorlage zum Schreiben. Die Herstellung der Zahlenreihe ist etwas aufwändig, aber die vielfältigen Einsatzmöglichkeiten rechtfertigen den Aufwand. Außerdem sieht dieser Wandschmuck einfach schön aus. Sie können die Zahlen ebenso nach und nach zusammen mit den Kindern herstellen und die Zahlenreihenfolge ergänzen.

Hängen diese Zahlen zudem noch an einer langen Pinnwand oder auf einer zuvor befestigten großen Papierfläche, können Bilder, Fotos oder passende Abbildungen zu den Mengen zugeordnet werden.

Material	• Pappe oder Karton (mindestens DIN A4)	• Filz- oder Buntstifte
	• Bleistift	• Nadel und Bindfaden
	• Schere	• Wäscheleine oder Schnur

Die Zahlen werden großflächig auf Kartone gezeichnet und ausgeschnitten. Wer diese Arbeit scheut, kann großformatige Zahlen aus Pappe im Fachhandel beziehen (z. B. Fa. Betzold/ Ellwangen). Diese Pappzahlen werden nun bunt bemalt mit Streifen oder Punkten, dabei passt die Anzahl der Muster zu der jeweiligen Zahl: zu der „1" ein bunter Streifen, zu der „2" zwei Punkte usw. Beim Ausmalen können die Kinder schon mithelfen.

An der Wand entlang wird eine Wäscheleine befestigt, an der die Pappzahlen mit einem Bindfaden gut sichtbar für die Kinder aufgehängt werden. Diese Zimmerdekoration kann vielseitig eingesetzt werden:

- → Kinder können Mengen, aufgemalt auf Papier, zuordnen
- → Passende Fotos sortieren, z. B. Altersangaben, Anzahl der Abbildungen zur Zahl
- → Aus Karton Punkte ausschneiden, bunt bemalen und mit zusammengerolltem Klebefilm auf der Rückseite zu den Zahlen kleben
- → Einfache Additionen und Subtraktionen anbieten – Ergebnis/Zahl an der Wand suchen
- → Punktestand bei Spielen auf diese Weise festhalten

Was passt noch ins Zahlenbuch?

Vorschläge zur Gestaltung:

Für das Zahlenbuch: Fühlzahl aus Wolle

Material	
	• weißes, festes Zeichenblatt DIN A4
	• Bleistift
	• Klebestift
	• Wolle

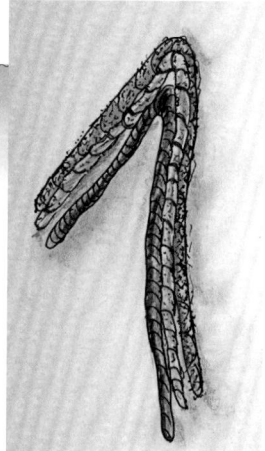

Die „1" wird mit Bleistift auf das Blatt Papier geschrieben. Die Kinder spuren mit Klebestift diese Zahl nach und kleben entlang der Schreibrichtung passend abgeschnittene Wollfäden.
Nun kann die Fühlzahl in der Sammelmappe aufbewahrt und immer wieder benutzt werden.

Zahlen-Staffel

Material	• Zahlen aus Moosgummi	• Zahlenkarten

Die Kinder sitzen in einer Reihe hintereinander auf dem Boden. Dem Kind am Ende der Reihe wird eine Zahlenkarte gezeigt zum Beispiel die „1". Diese Zahl gibt es nun an seinen Vordermann weiter, indem es diese Zahl mit dem Finger auf seinen Handrücken schreibt, ohne sie dabei zu benennen. So wird die Zahl nun weitergegeben, bis sie am anderen Ende beim letzten Kind ankommt. Dieses Kind sucht nun die *erfühlte* Zahl heraus und zeigt sie allen Mitspielern.
Stimmt die Zahl mit der ursprünglich abgeschickten überein? Je länger die Reihe der Mitspieler, umso schwieriger ist die Aufgabe.
Je nach Alter und Wissen der Kinder anfangs Zahlen von 1 bis 5 angeben.

Wie oft gibt es dich?

Bestimmt gibt es im Kindergarten manche Namen zweimal: zwei Jungen, die Jakob heißen oder zwei Mädchen namens Antonia. Dennoch ist der eine Jakob ganz anders als der andere. Mit den Kindern kann man vergleichen und besprechen: Wodurch unterscheiden sich die beiden Kinder gleichen Namens? Gibt es irgendwo auf der Welt noch einmal den gleichen Jakob? Jedes Kind malt ein Bild von sich um zu zeigen: Mich gibt es nur einmal.

Zahlentanz

Material	• festerer Karton (DIN A4)	• weißes Zeichenpapier
	• Bleistift	• dünner Filzstift
	• Schere	

Zuerst benötigen Sie eine Negativschablone von der Zahl. Dazu wird die „Eins" in Umrissen auf Karton gezeichnet und so ausgeschnitten, dass der Rand unbeschädigt stehen bleibt. Mit einem dünnen Filzstift zeichnet das Kind nun kreuz und quer Linien in dieser Schablone auf ein Blatt Papier. Wenn möglich wird der Stift dabei nicht abgesetzt. Diese Schablone gibt dem Kind Halt und Führung, wenn es mit dem Stift auf dem Papier tanzt – die Zahl wird sichtbar. Mit einem bemalten Kreis, z.B. runde Plätzchenform kann auch noch die passende Menge dargestellt werden. Das Bild kann in das Zahlenbuch eingeordnet werden.

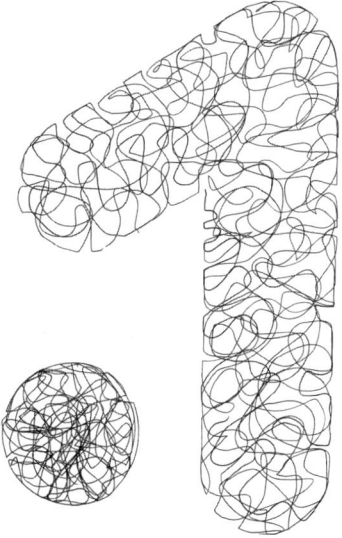

Variationen

→ Auf diese Weise können Schablonen zu geometrischen Formen hergestellt werden.

→ Wer findet weitere geometrische Formen im Raum und in der Umge-
bung?

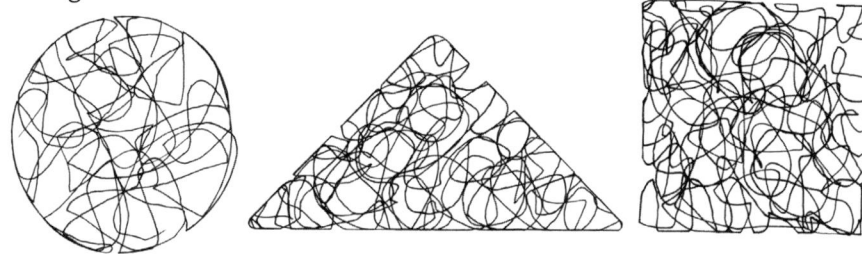

Würfelspiel mit Dosen

Material	• Kaffeedosen	• zwei kleine Bälle
	• Schnur	• Zettel und Stift

Für dieses Spiel eignen sich leere Kaffeedosen am besten, da sie keine
scharfen Kanten haben. Die Dosen werden eng aneinander gestellt
und mit einer Schnur fest zusammengebunden. Auf den Boden
der Dosen werden Zettel mit gleichen Zahlen geklebt.
Die Kinder stellen sich an einer markierten Wurflinie
auf und versuchen reihum, zwei Bälle in die Büch-
sen zu werfen. Die Treffer werden mit Punkten
oder Strichen auf Papier festgehalten und
später zusammengezählt.
Schwieriger gestaltet sich das Spiel,
wenn die Dosen mit unterschiedlichen Zahlen beklebt werden, dann
müssen mehr Punkte zusammenge-
rechnet werden.

Abzählreim

1 und 1 ist 2,
was ist da schon dabei.
2 und 2 ist 4,
das wissen alle hier.
4, 3, 2, und jetzt?
Die 1, die ist gesetzt.

Zahlennester-Lied

Material	• Zahlenkarten	• unterschiedliche Gegen-
	• Schachtel oder Korb	stände (z. B. Spielsachen), die
	• kleine Eimer	im Raum gesucht werden

Die Kinder sitzen im Kreis, ein Korb liegt als Nest in der Mitte. Die Erzieherin sucht eine Zahlenkarte aus, z. B. die „1", benennt und zeigt sie den Kindern. Dazu singen alle das Lied (nach der Melodie von „Zehn kleine Negerlein"):

„Ein kleines Eichhörnchen,
das baute mal ein Nest,
und lud sich alle Freunde ein,
das gab ein tolles Fest!"

Nun dürfen die Kinder Gegenstände passend zu dieser Zahl in das Nest holen: die Zahl „1" aus Moosgummi, eine Zahlenscheibe, eine Puppe, einen Bauklotz, einen Stift usw.
So kann zu jeder Zahl weiter gesungen und die passenden Gegenstände in das Nest getragen werden:

„Zwei kleine Eichhörnchen,
die bauten mal ein Nest,
und luden alle Freunde ein,
das gab ein tolles Fest!"

„Drei kleine Eichhörnchen,
die bauten mal eine Nest ..."

Je höher die Zahl ist, umso mehr Gegenstände müssen von den Kindern in das Nest getragen, sortiert und gezählt werden. Stellen Sie den Kindern kleine Eimerchen zur Verfügung, in das die einzelnen Gegenstände gezählt werden. Auf diese Weise erspürt es die Mengen und bekommt ein Gefühl für *viel – wenig; schwer – leicht*.

Die Zwei

Spieglein, Spieglein an der Wand

Material   • Spiegel   • Stifte und Papier

Stellen Sie sich mit den Kindern vor einen Spiegel. Nun benennen die
Kinder alle Körperteile, die sie zweimal sehen. Wer möchte, kann sich später
selber zeichnen!

Zahlenwohnungen

Material
- Packpapier und Stifte, Gymnastikreifen oder Seil
- Zahlenkarte „2"
- Zahl „2" aus Holz, Moosgummi, Plastik
- Zahlenstempel „2", Stempelkissen, Papier
- zwei Legosteine, zwei Bauklötze, zwei Puppen, zwei Perlen
- Strümpfe, Handschuhe, Schuhe

Eine zuvor ausgewählte Zahl, z.B. die „**2**", erhält ihre erste eigene Wohnung, das kann ein aus Packpapier ausgeschnittenes großes Haus, ein Gymnastikreifen oder ein zum Kreis ausgelegtes Seil in einer Ecke des Raumes sein. In dieses Haus wird die Zahlenkarte „2" gelegt. Nun ist diese Zahl nicht gerne allein und sucht deshalb dringend Mitbewohner. Damit es aber keinen Streit gibt, müssen natürlich alle Mieter zusammenpassen. Wer darf mit einziehen?

Die Kinder suchen die richtigen Mieter dazu aus und legen diese in die Wohnung, z.B.: Moosgummizahl „2", Bilder auf denen diese Zahl gedruckt, geschrieben oder gemalt ist, Holzzahl „2", Magnetzahl „2", passende Mengen: zwei Legosteine, zwei Puppen, zwei Perlen, zwei Klötze usw.

Variationen

→ In diesem Zusammenhang können Paare erklärt und in die Wohnung gelegt werden:
Was gehört zusammen: Handschuhe, Strümpfe, Schuhe …
→ Projekte vorbereiten: Zahl der Woche oder des Monats, in diesen Zeitabständen ziehen unterschiedliche Zahlen in das Haus ein.

Abzählreime

Ene, mene, 1 und 2,
du bist heute mit dabei.

1 und 2
und du bist frei.

Bildergeschichte

Material   • Papier und Stifte

Erfinden Sie zusammen mit den Kindern Geschichten, in denen immer **zwei** Tiere, Gegenstände oder Nahrungsmittel vorkommen, die nicht durch Worte, sondern den Kindern durch Abbildungen gezeigt werden.
Diese Geschichte schreiben Sie für die Kinder auf und lassen dabei Lücken für die Zeichnungen. Diese Bilder können von den Kindern selbst passend zum Text gezeichnet werden.
Betrachten Sie zusammen mit den Kindern den Text und lesen Sie ihn vor.
Die Kinder können immer die Anzahl der abgebildeten Begriffe nennen.

So kann ein wunderschönes Bilderbuch mit den Kindern entstehen! Natürlich könnte jede weitere Zahl durch gemalte Begriffe in dem Text vorkommen.

Beispielgeschichte:
Zwei Hasen haben großen Hunger und laufen auf ein Feld. Dort finden sie zwei knackige Rüben und verspeisen diese mit Genuss. Auf dem nächsten Feld sehen sie zwei Kopfsalate und verputzen auch diese mit Freude. Später entdecken die zwei Hasen in einem Gemüsebeet zwei Gurken und zwei Maiskolben. Nachdem auch das verschlungen ist, haben die zwei Hasen furchtbare Bauchschmerzen!

Bewegungsspiel: Partnersuche

Die Kinder laufen im Raum wild durcheinander, am besten in einer Turnhalle oder in einem geräumigen Flur. Die Erzieherin klatscht in die Hände, nun müssen die Kinder gut die Ohren spitzen: Wie oft hat sie geklatscht? Klatscht die Erzieherin zweimal in die Hände, sucht sich jedes Kind sofort einen Partner und hält diesen an den Händen fest.

Variationen
→ Ballspiel: Kinder stehen im Kreis, werfen sich einen Ball zu – vor dem Fangen zweimal in die Hände klatschen
→ Sich mit einer Zahlenkarte bemerkbar machen: Zahl hochhalten, zum Beispiel die „4" – **vier** Kinder finden sich zu einer Gruppe zusammen. Kommen höhere Zahlen ins Spiel, müssen die Kinder gut aufpassen und zählen. Wer übrig bleibt, darf die nächste Zahlenkarte aussuchen!

Für das Zahlenbuch: Spritztechnik

Material	• weißes, festes Zeichenpapier DIN A4	• Schere, Stecknadeln
	• Tonpapierreste, Bleistift	• Spritzgitter
	• ausgediente Zahnbürste oder Borstenpinsel	• Wasserfarben, Wasserglas
		• Malerkittel, Unterlage

Die Zahl wird auf Tonpapierresten aufgezeichnet, als Schablone kann eine Moosgummizahl dienen. Die ausgeschnittene Zahl wird auf das Zeichenpapier gelegt und mit Nadeln festgesteckt. Mit einer feuchten Zahnbürste Farbe aufnehmen und über ein Sieb streichen, das ca. 10 cm über dem Zeichenblatt gehalten wird.

Legen Sie unter die Zahl entweder zwei Knöpfe oder runde Scheiben, dann wird auch die dazu passende Menge sichtbar!

Da die Farbspritzer überall landen können, sollte der Arbeitsplatz gut abgedeckt werden und die Kinder müssen Schürzen tragen. Das getrocknete Blatt kann in der Sammelmappe aufbewahrt werden.

Was passt noch zu der Zahl 2?

Vorschläge zur Gestaltung:

Partnerspiel: Wir rechnen mit den Fingern

Zwei Kinder sitzen sich gegenüber. Ein Kind versteckt die Hände hinter dem Rücken. Auf das Kommando „1 – 2!" zeigt das Kind die Hände und streckt immer unterschiedlich viele Finger aus, die das andere Kind zusammenzählen muss. Stimmt die Anzahl, bekommt es einen Punkt, z. B. einen Glasstein. Nach mehreren Durchgängen wird gewechselt und das andere Kind zählt zusammen.

Zahlenmonster-Collage

Material	• weißes Zeichenpapier	• ausgediente Kataloge, Prospek-
	• Stift	te oder Zeitungen, Klebstoff

Unser gefräßiges Zahlenmonster liebt alle Dinge, die es paarweise gibt: Handschuhe, Socken, Turnschuhe, Zwillinge usw.
Eine besondere Vorliebe hat es auch für die Zahl „2". Damit das Monster seine gute Laune nicht verliert, muss es gefüttert werden!
Die Kinder zeichnen in Umrissen ein lustiges Monster mit großem Maul auf das Zeichenpapier. Aus alten Katalogen und Werbematerial werden nun passende Abbildungen gesucht und ausgeschnitten. Nun wird das Monster gefüttert und die Einzelteile in den dicken Bauch geklebt.

Variation
➜ Auf diese Weise können Collagen zu allen Zahlen hergestellt und im Zahlenbuch gesammelt werden.

Die Drei

Wer findet den Fehler?

Material • Zahlenkarten

Die Zahlenkarten liegen der Zahlenreihenfolge nach geordnet auf dem Boden. Beim Sortieren können die Kinder mithelfen. Zusammen wird laut gezählt, dann drehen sich die Kinder um oder verlassen den Raum.
Die Erzieherin vertauscht je nach Wissenstand der Kinder eine oder mehrere Karten. Es kann auch eine Karte aus der Zahlenreihenfolge weggenommen werden. Die Kinder werden zurückgerufen: Wer findet den Fehler?

Auftragskarten

Material · eine Schuhschachtel, gefüllt mit Auftragskarten

Sammeln Sie für die Kinder auf Zettel geschriebene Aufträge, die gefaltet in der Schuhschachtel liegen:
Male 3 Blumen
Hole 3 Bausteine
Mache 3 Kniebeugen
Ziehe 3 Fratzen
Nenne 3 Tiere
usw.
Zu jeder Zahl können die lustigs-
ten Aufträge gesammelt werden.
Die Kinder ziehen abwechselnd
einen Zettel, der vorgelesen wird, und
führen die Aufträge durch.

Für das Zahlenbuch: Druckwerkstatt

Material · weißes Zeichenpapier · Zahlenstempel oder
· Stempelkissen   Druckstöcke mit aufge-
· Stifte   klebten Zahlen

Druckverfahren unterstützen das genaue Erfassen der jeweiligen Zahlenform. Zudem bereitet das Drucken den Kindern sehr viel Freude, weil das
Geleistete schon so professionell aussieht!
Sollten Sie keine Zahlenstempel zur Hand haben, lassen sich diese Druck-
stempel schnell selber herstellen: ausgestanzte Moosgummizahlen werden einfach auf kleine Holzklötze geklebt. Dabei ist es wichtig, die Zahlen

seitenverkehrt aufzukleben, damit nach dem Abdruck die Schreibrichtung stimmt.

Mit diesen Stempeln drucken die Kinder ihre Zahl auf Papier, wer möchte darf sie mit Stiften weiter ausschmücken. Das Bild wird in Folie gesteckt und ins Zahlenbuch eingeordnet.

Was passt noch zu dieser Zahl?

Vorschläge zur Gestaltung:

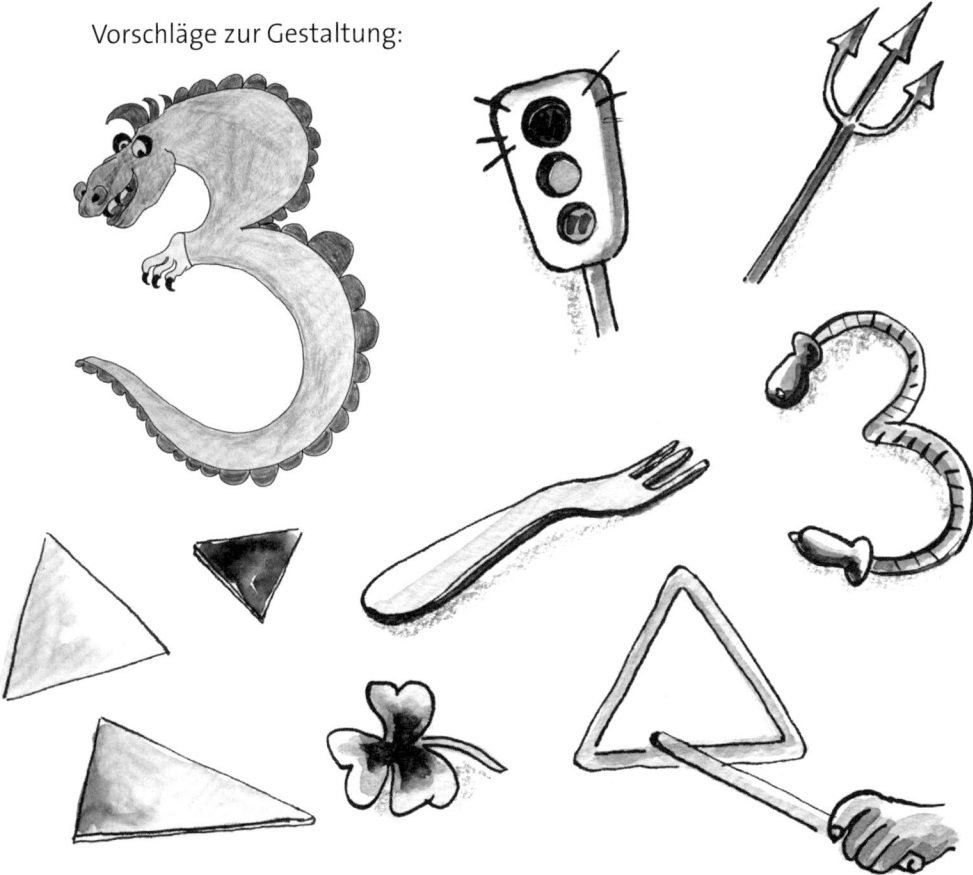

3 gewinnt! – Spiel zu zweit!

Material
- 6 Spielsteine pro Kind (zum Beispiel 3 Kieselsteine, 3 Tannen-zapfen)
- Stöckchen oder Schaufel

Dieses beliebte Spiel lässt sich sehr gut auch draußen, z.B. im Sandkasten, ohne großen Aufwand spielen. Mit einem Stöckchen oder mit der Schaufel wird ein Viereck, unterteilt in neun Felder, in den Sand gespurt.
Beide Mitspieler erhalten je drei gleiche Spielsteine (z.B. Kieselsteine, Zapfen) – insgesamt also sechs Spielsteine. Abwechselnd werden nun diese Spielsteine in jeweils ein Feld gesetzt, aber aufpassen! Wer zuerst eine waagrechte, senkrechte oder diagonale Dreierreihe mit denselben Spielsteinen gesetzt hat, gewinnt!

Zahlen aus Pappmachée

Material
- Tapetenkleister
- kleiner Eimer
- Zeitungspapier
- Papierklebeband
- Plakafarben, Pinsel, Wasserglas, Malerkittel, Unterlage

Zuerst wird der Tapetenkleister nach Packungsangabe angerührt.
Nun knüllen die Kinder ihre gewünschte Zahlenform aus Zeitungspapier und halten die grobe Form mit Papierklebeband zusammen. Jüngere Kinder benötigen etwas Hilfestellung dazu. Danach reißen sie Zeitungspapier in Streifen, tauchen diese in den aufgequollenen Kleister und kleben sie um die Grund-

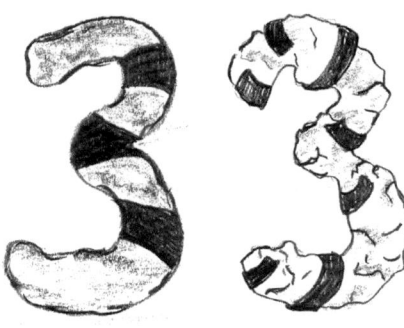

form. Die Zahl wird später umso stabiler, je mehr Schichten Papier aufgetragen werden. Anschließend muss die Zahl richtig austrocknen, bevor sie mit weißer Plakafarbe grundiert wird. Ist diese Grundierung trocken, kann die Zahl weiter bunt bemalt und mit Mustern verziert werden.

Fühle Menge und Zahl!

Material	• rechteckige Karten aus festem Karton	• Locher
	• Pfeifenputzer	• fester Bindfaden
	• Schere, Klebstoff	• Holzperlen mit Bohrung

Die Pfeifenputzer werden in Zahlenform auf die Karten geklebt – so können die Kinder die Formen mit den Schreibfingern nachspuren und ertasten. Nun wird am unteren Rand der Karte in die Mitte ein Loch eingestanzt, durch das ein Bindfaden gezogen und verknotet wird. Die Länge des Bindfadens hängt von der Zahl ab, da in regelmäßigen Abständen die entsprechende Menge an Perlen festgeknotet wird. Es empfiehlt sich, einen weiteren Bindfaden durch Löcher an den oberen Ecken zu ziehen – so können die Karten für die Kinder zugänglich aufgehängt oder besser gehalten werden.
Nun dürfen die Kinder fühlen. Durch das Nachspuren der Zahl prägt sich die jewei-

lige Form und Schreibweise der Zahl ein. Das Abtasten der Perlenmengen festigt das Wissen um die dazugehörige Menge. Auf diese Weise können so nach und nach weitere Karten entstehen und der Zahlenraum erweitert werden.

Würfelspiel: Geometrische Formen – Collage

Material	
• buntes, festes Tonpapier	• Filzstift
• Bleistift	• Würfel
• Schere	• selbstklebendes Papier
• drei kleine Schachteln	• weißes Zeichenpapier

Aus buntem Tonpapier werden geometrische Formen in unterschiedlichen Größen ausgeschnitten: Kreise, Dreiecke und Vierecke. Diese Einzelteile werden sortiert in nummerierten Schachteln angeboten: Kreise in Schachtel Nummer 1, Dreiecke in Schachtel Nummer 3 und Vierecke in der Schachtel, die mit der Zahl 4 beschriftet ist. Kleben Sie nun auf dem Würfel die Zahlen 2, 5 und 6 mit selbstklebendem Papier zu.

Jedes Kind sammelt nun geometrische Formen, indem es würfelt und sich entsprechend der gewürfelten Zahl eine Form aus der Schachtel aussucht. Diese Formen werden auf Zeichenpapier gesammelt und geordnet.
Wer kann zuerst ein lustiges Tier oder eine Figur zusammenstellen?
Später werden die Einzelteile zu einem Bild aufgeklebt, das im Zahlenbuch aufbewahrt wird.

Abzählreime

1, 2, 3,
im Meer da schwimmt ein Hai.
Im Urwald gibt es Schlangen
und du musst uns fangen!

1, 2, 3,
auf der Treppe liegt ein Ei.
Wer darauf tritt,
der macht nicht mit!

1, 2, 3,
wer mag Kartoffelbrei?
Wer mag dazu noch Speck?
1, 2, 3 und du bist weg!

Die Vier

Zahlen-Puzzle

Material	• 11 rechteckig zugeschnittene Pappkärtchen	• dicker Filzstift, Schere
		• 11 Briefumschläge

Bei diesem spielerischen Umgang mit Zahlen prägt sich das Schriftbild ein. Die Zahlen von 0 bis 10 werden auf die Kärtchen geschrieben und diese in Einzelteile zerschnitten.
Die Einzelteile werden auf der Rückseite mit der passenden Zahl beschrieben, damit keine Verwechslungen passieren. Beim Schneiden kann über-

wiegend zusätzlich darauf geachtet werden, die entsprechende Zahl in passend viele Teile zu zerlegen, also die „4" z.B. in vier Teile zu zerschneiden. Sollten Sie die Möglichkeit zum Laminieren haben, können diese Teile haltbarer gemacht werden.

Diese Einzelteile werden in Briefumschlägen sortiert aufbewahrt, die ebenso mit der passenden Zahl beschriftet werden. Nun dürfen die Kinder puzzlen, eine Zahlenkarte daneben zum Vergleichen kann sie bei der Arbeit unterstützen. Als Fehlerkontrolle wird die zusammengesetzte Zahl mit der Zahlenkarte verglichen oder mit der auf dem Briefumschlag geschriebenen Zahl.

  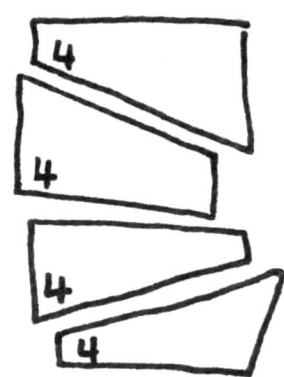

Variationen

➔ Schwierigkeitsgrad dem Alter und Wissensstand der Kinder anpassen: Anzahl der Puzzles dosiert anbieten, z.B. Zahlenraum von 1 bis 4

➔ Auf der Rückseite des Puzzles fügt sich ein Bild mit der entsprechenden Menge zusammen z.B. vier Dreiecke, vier Kreise usw.

Mäusejagd

Material	• Plastikbecher	• buntes Tonpapier
	• Korken (Anzahl der Korken ist abhängig von den Mitspielern)	• Filzstifte
		• Klebstoff, Schere
	• Wollreste	• Würfel

Zuerst werden die Mäuse aus Korken hergestellt: Gesicht aufmalen, Ohren aus Papier schneiden und aufkleben, Barthaare aus Wolle befestigen. Ein ca. 50 cm langer Wollfaden wird um den Korken geknotet – fertig ist der Mäuseschwanz. Jetzt kann der Pappbecher gestaltet werden: Katzengesicht mit Filzstift aufzeichnen, Barthaare und Ohren aus Tonpapier aufkleben.

So wird gespielt:

Die Kinder sitzen am Tisch im Kreis. Jeder Mitspieler erhält eine Maus, ein Kind ist mit der Katze der Fänger. Die Mäuse stehen in der Mitte des Tisches dicht beieinander, die Kinder halten den Mäuseschwanz in der Hand.

Nun wird rundum gewürfelt: bei einer zuvor festgelegten Zahl, z.B. „4", versucht die Katze, eine Maus zu fangen.

Gelingt dies, tauscht das Kind mit der Katze und geht nun selber auf Mäusejagd.

Leimbilder

Material • fester Zeichenkarton DIN A4   • eine Flasche Holzleim
         • Bleistift

Zunächst wird mit Bleistift die Zahl auf dem Zeichenpapier vorgeschrieben. Danach die Leimtülle an einem Punkt in Schreibrichtung ansetzen und die Linien mit leichtem Druck auf die Flasche nachspuren. Sollte der Strich zu dünn sein, einfach von der Tülle oben ein Stück abschneiden. Die so aufgemalte Zahl hinterlässt nach der Trockenzeit erhabene Linien, die gut tastbar sind und von den Kindern in Schreibrichtung nachgespurt und benannt werden können. Auf diese Weise lassen sich leicht alle Zahlen von 0 bis 10 herstellen.

Spielmöglichkeiten

→ Mit den Schreibfingern folgt das Kind den Konturen der Zahl in Schreibrichtung – die Augen sind dabei geschlossen oder mit einem Tuch verbunden. Die Erzieherin kann, wenn nötig, anfangs die Hand des Kindes führen. Wer die Zahl erkennt, darf die Zahlenkarte behalten.

→ Die Zahl wird nachgespurt und benannt, ein Kind holt die entsprechende Menge (z. B. Spielsachen) dazu.

→ Karten doppelt herstellen, nachspuren und vom Kind zuordnen lassen; evt. mit verbundenen Augen

→ Bunte Zahlenbilder herstellen in der Durchreibetechnik (Frottage)

Sortierspiel

Material	• kleiner Beutel oder Säckchen • viele Schachteln oder Schalen	• je vier unterschiedliche Gegenstände: z. B. vier Federn, vier kleine Bälle, vier Nüsse oder Bonbons

Das Säckchen geht reihum, ein Kind ertastet immer vier gleiche Gegenstände und legt diese in die Schalen oder Schachteln. Dabei wird laut mitgezählt, Nüsse oder Bonbons können später einfach aufgegessen werden!

Variationen
→ Das Kind greift in den Fühlsack, zählt die Menge und ordnet dazu die entsprechende Zahlenkarte.
→ Mehrere Stoffbeutel, gefüllt mit unterschiedlichen Mengen anbieten

Für das Zahlenbuch: Zahlenzauberei – Frottage

Material	• dünnes, weißes Zeichenpapier • Schere, Klebstoff	• Wachsmalkreiden (am besten in Blockform)

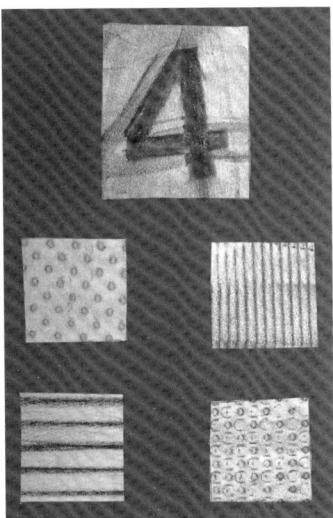

Die Kinder legen ein dünnes Zeichenblatt auf die vorher mit Leim hergestellten Zahlenkarten und reiben mit Wachsmalkreiden darüber. Wie durch Zauberei entsteht ein Zahlenbild, das die Kinder ausschneiden und auf Papier kleben können. Aus den Restpapieren können geometrische Formen, z. B. Vierecke, in der passenden Menge dazu ausgeschnitten und aufgeklebt werden. Das Bild wird in der Zahlenmappe aufbewahrt.

Was passt noch in das Zahlenbuch?

Vorschläge zur Gestaltung:

Die Fünf

Fingerspiel: Fünf kleine Kicherhexen

Fünf kleine Kicherhexen tanzen wild im Kreis,
sie singen lustige Lieder, mal laut und mal ganz leis'.

Fünf kleine Kicherhexen fliegen mit ihren Besen,
die eine fällt auf ihre Nas`, da sind`s noch vier gewesen.

Vier kleine Kicherhexen kochen süßen Brei,
die eine fällt in' Topf hinein, da sind es nur noch drei.

Drei kleine Kicherhexen fliegen nach Hawaii,
die eine schwimmt ins Meer hinaus, da sind es nur noch zwei.

Zwei kleine Kicherhexen trinken roten Wein,
die eine fällt in tiefen Schlaf, die andere bleibt allein.

Eine kleine Kicherhexe, wünscht sich ja so sehr,
all die anderen Kicherhexen wieder zu sich her.

Sie zaubert: „Ene mene Krötenhaut und blaues Himbeereis",
schon tanzen alle Kicherhexen wieder wild im Kreis.

*Die dazugehörigen Handbewegungen zum Fingerspiel ergeben sich aus dem
Text.*

Herstellung der Fingerpuppen / Material	• Tonpapier • Bleistift • Schere	• Klebstoff • Woll- und Stoffreste, Federn • Filzstifte

Die Grundformen der Fingerpuppen werden aus Tonpapier geschnitten und gefaltet. Dazu ausgeschnittene Rechtecke zu Rollen zusammenkleben oder eingeschnittene Kreise zu Kegeln formen und festkleben. Eckige Grundformen falten und kleben Sie ebenfalls aus einem Rechteck.
Die Grundformen werden nun zum Beispiel mit Woll- und Stoffresten, Federn oder Papierresten weiter ausgeschmückt.
Aus Tonpapierresten schneiden wir Augen, Nase und Mund aus und kleben sie auf die Grundformen. Aber auch mit Filzstiften können wir Gesichter aufzeichnen.

Wer findet die richtige Form?

Material	• Papierklebeband oder Straßenkreide • Zahlenkarten 1 / 3 / 4 / 5	• Schaumstoffwürfel (die Zahlen 2 und 6 werden zugeklebt)

In einem großen Raum werden mit Papierklebeband am Boden große geometrische Formen aufgeklebt: Kreis, Dreieck, Viereck und ein Fünfeck.
Je nach Bodenbelag können die Formen ebenso gut mit Straßenkreide aufgemalt werden.
In diese Formen werden Zahlenscheiben gelegt: in den Kreis die Zahl „1", in das Dreieck die Zahl „3", ins Viereck die Zahl „4" und in das Fünfeck kommt die Zahl „5".
Die Kinder sitzen am Boden und würfeln reihum. Die gewürfelte Zahl zeigt an, zu welcher Form die Kinder schnellstmöglich rennen sollen. Sind alle angekommen, wird die Form genau betrachtet, benannt und gemeinsam

auf der Linie Fuß an Fuß abgelaufen. Danach wird neu gewürfelt. Wer die abgedeckten Zahlen 2 oder 6 würfelt, darf es noch einmal versuchen.

Variationen

→ Kinder suchen passende Gegenstände und sortieren diese in die entsprechende Form.

→ Schwieriger gestaltet sich das Spiel, wenn zum Fünfeck auch ein Sechseck aufgeklebt oder gezeichnet wird; dazu die abgeklebte „6" auf dem Würfel wieder einsetzen.

→ Kinder legen sich auf die geometrischen Formen und versuchen, diese mit dem Körper nachzustellen.

Zahlensuche

Material	• Klemmbrett und Papier oder Block	• Stifte

Aufmerksame Spaziergänger entdecken unterwegs viele Zahlen: Hausnummern, Preisschilder, Zeitangaben und vieles mehr.
Nutzen Sie Ausflüge und suchen Sie zusammen mit den Kindern Zahlen auf Plakaten, Schildern, an Bushaltestellen oder Häusern.
Sie können sich im Vorfeld zusammen mit den Kindern auf eine Zahl einigen, z. B. die „5", die heute gesucht wird.
Finden die Kinder diese Zahl irgendwo unterwegs, melden sie es und dürfen diese 5 einmal aufschreiben.
Wer hat die meisten Zahlen gefunden? Die Kinder können mit einem Partner oder in Gruppen suchen.

Variationen

→ Mehrere Zahlen gleichzeitig suchen und abmalen lassen

→ Zahlen fotografieren und später ein Plakat gestalten

→ Zahlensuche ausdehnen z. B. in Kleidern nach Größen suchen, Schuhgrößen anschauen und vergleichen, Kalender betrachten, Terminplaner in Spiele einbauen usw.

Bewegungsspiel: Zahlenmemory

Material	• Zahlenkarten von 0 bis 5	• evt. Triangel oder
	• Moosgummizahlen von 0 bis 5	Pfeife

Jeder Mitspieler bekommt eine Zahl in die Hand: Die Hälfte der Kinder erhält eine Zahl aus Moosgummi, die andere Hälfte bekommt eine passende Zahlenkarte.

Sollten bei diesem Spiel mehr als 10 Kinder mitspielen, entsprechend mehr Zahlenpaare austeilen oder einfach in die Handinnenfläche schreiben.

Die Kinder tanzen und rennen nun im Raum umher. Auf ein Signal hin (z. B. Hände klatschen, Triangel oder Pfeife) suchen sich alle Kinder ihren Partner, der dieselbe Zahl in der Hand trägt oder in der Handinnenfläche aufgemalt hat.

Die Kinder, die sich gefunden haben, dürfen nun die passende Anzahl einmal an Gegenständen im Raum zusammensuchen. Gemeinsam wird ausgewertet und gezählt.

Variation

→ Einfache Additionen anbieten: Jeder Partner bringt die gleiche Anzahl an Gegenständen, also zum Beispiel fünf Bauklötze und fünf Legosteine – Wie viele sind das zusammen?

Hör gut hin!

Material   • Plastikbecher oder Schale   • fünf Perlen oder Nüsse

Die Erzieherin lässt langsam Perlen oder Nüsse in einen Becher fallen, das Kind zählt mit den Fingern laut mit. Danach schließt das Kind die Augen – jetzt muss es genau hinhören und mitzählen. Wie viele Perlen fallen in den Becher?

Variationen

→ Das Kind zählt blind Perlen im Becher, tastet es die richtige Anzahl, darf es die passende Zahlenkarte dazu holen; klappt es nicht, noch einmal zählen

→ Später die Anzahl der Perlen erhöhen – das Kind muss so länger konzentriert bei der Sache bleiben

Zahlen kneten

Material   • Zahlen aus Moosgummi oder   • Knetmasse und
                     Zahlenkarten von 1 bis 5   Unterlage

Die Kinder schauen sich die Zahlen gut an, ertasten sie und spuren mit den Schreibfingern in Schreibrichtung nach. Danach bekommen alle ein Stück Knetmasse in die Hand und dürfen die Zahlen, die sie schon kennen, daraus formen. Wer kann eine Zahl mit geschlossenen Augen aus Knetmasse herstellen?

Variationen

→ Zahlen backen und aufessen

→ Zahlen aus Pappmaschée herstellen und bemalen

→ Zahlen mit Wolle oder Bindfaden auf der Zahlenkarte nachlegen

Für das Zahlenbuch: Collage

Material
- weißes Zeichenblatt DIN A4
- Stifte
- ausgediente Zeitungen, Prospekte, Kataloge
- Schere, Klebstoff

Zeitungen, Kataloge und Werbeprospekte sind eine wahre Fundgrube für Collagen.

Die Zahl 5 wird in Umrissen auf ein Blatt Papier geschrieben. Nun suchen die Kinder in Prospekten oder Katalogen nach dieser Zahl, die ausgeschnitten und in die Umrisse der 5 geklebt wird. Auf diese Weise lernen die Kinder verschiedene Schreibweisen kennen und verbinden Zahlwort und Schriftbild, wenn Sie die Zahl immer wieder benennen.

Variation

Die Zahl steht für das Kind bereits auf einem Blatt Papier – nun reißen oder schneiden sie die passenden Mengen an Abbildungen aus und kleben sie dazu

Tipp:

Auf diese Weise können weitere auch großformatige Zahlencollagen entstehen, die im Zimmer aufgehängt werden.

Sammeln Sie zuvor mit den Kindern in kleinen Schachteln sortiert die ausgeschnittenen Zahlen, sonst wird gerade für jüngere Kinder der Aufwand zu groß.

Abzählreim

1, 2, 3, 4, 5,
zieh an die bunten Strümpf.
Zieh an die roten Schuh
und raus bist du!

Einfache Additionen

Material	• sechs Schachteln, von „0 – 5" nummeriert • Kugeln oder Perlen in einer Schale	• Zahlenkarten • Karte mit dem *Plus*-Zeichen und dem *Ist*-Zeichen

Die Schachteln von 0 bis 5 liegen vor dem Kind. Nun darf es die entspre-chende Menge an Kugeln oder Perlen in die jeweilige Schachtel zählen. Anschließend werden zwei Schachteln ausgewählt und die Perlen zusam-mengezählt. Die Erzieherin spricht dazu: „1 Perle plus 2 Perlen sind 3 Perlen. 1 Perle plus 4 Perlen sind 5 Perlen"...
Sie zeigt auf die Karte mit dem Plus-Zeichen: „So wird „Plus" dargestellt." Das Ergebnis wird mit der Zahlenkarte gezeigt, die Perlen liegen daneben und werden zur Kontrolle noch einmal gezählt.
Wer möchte, kann später auf diese Weise auch das „="-Zeichen einführen.

Variationen
→ Zahlenraum erweitern
→ einfache Subtraktionen anbieten

Was passt noch ins Zahlenbuch?

Vorschläge zur Gestaltung:

Die Sechs

Zahlen stampfen

Material • Zahlenkarten 0 bis 6

Die Kinder sitzen im Kreis, die Zahlenkarten liegen in der Mitte. Die Erzieherin hält nun eine Zahlenkarte hoch und spricht das Zahlwort dazu deutlich aus. Jetzt stampfen die Kinder mit den Füßen die genaue Anzahl oder klatschen entsprechend oft in die Hände.

Variationen

→ Zahlenscheiben von 0 bis 10 zeigen

→ Die Kinder selbst ziehen abwechselnd eine Karte und halten diese hoch.

→ Weitere Bewegungen einbauen z. B Kniebeugen, auf einem Bein hüpfen, Hand hochhalten

→ Mit den Fingern mitzählen

→ Bausteine, die in der Mitte liegen, dazu ordnen lassen

Zahlengeschichte: Hör genau hin!

Material · Zahlenscheiben von 0 bis 6

Die Zahlenscheiben liegen verteilt im Raum, am besten in einer Turnhalle. Alle Kinder laufen leise im Raum umher. Die Erzieherin erzählt eine Geschichte, in der diese Zahlen immer wieder auftauchen und betont dabei das Zahlwort sehr deutlich. Sobald die Kinder eine Zahl hören, laufen sie schnell zu der richtigen Zahlenscheibe hin. Wer passt gut auf?

Beispielgeschichte

*Im Zoo wohnt der Affe Claudio, der heute noch nichts zu fressen bekommen hat und deshalb knurrt ihm der Magen. Hungrig verschlingt er die **zwei** Bananen, die er neben den **drei** Bäumen findet. Diese **zwei** Bananen sind vom Vortag übrig geblieben.*
*Dabei wird er von dem Affen Charlie beobachtet, der wütend ist, weil er keine Banane erwischt hat. Er hält **null** Bananen in der Hand! Vor lauter Ärger darüber schlägt Charlie **fünf** Purzelbäume und kreischt dabei zornig ganz laut auf.*
*So werden die **vier** Kinder, die am Affengehege stehen, auf ihn aufmerksam. Schnell rennen die **vier** Kinder zu den **sechs** Zooangestellten, die in der Nähe von **drei** Elefanten und **fünf** Giraffen stehen.*

*„Die **zwei** Affen haben noch Hunger, gibt es nicht noch mehr Bananen?", fragen die **vier** Kinder aufgeregt. „Natürlich, gleich ist Fütterungszeit", antwortet **ein** Zooangestellter. „Dann bekommt jeder Affe **drei** Bananen, **zwei** Karotten, **vier** Äpfel und **sechs** Nüsse. Das müsste reichen", lacht der Mann.*
*Kurz danach erscheinen wirklich **zwei** Zooangestellte und bringen das Futter für die **zwei** Affen, die sich sofort hungrig darauf stürzen. Alle **vier** Kinder schauen zufrieden zu, wie die **zwei** Affen es sich schmecken lassen.*

Variationen

→ Zahlenraum bis 10 erweitern und diese Zahlen in Geschichten einbauen

→ Geschichte im Stuhlkreis erzählen, Zahlenkarten liegen gut sichtbar in der Mitte; immer wenn ein Zahlwort fällt, suchen die Kinder die entsprechende Karte dazu aus und halten sie hoch.

→ Kinder erfinden selber Geschichten, die mit der Erzieherin zusammen aufgeschrieben werden

Zahlen fühlen: Noppenkarten

Material	• rechteckige Karten aus fester Pappe (ca. 10 x 15 cm) • Bleistift	• Stopfnadel oder spitze Stricknadel • Filzunterlage

Zeichnen Sie zuerst die Zahlen in Spiegelschrift auf die Karten. Bohren Sie dann in diese Linien kleine Löcher in kurzen Abständen in die Pappe, die auf einer Filzunterlage liegt. Vielleicht mögen ja auch die Kinder schon dabei mithelfen. Beginnen Sie mit den Zahlen, die den Kindern bekannt sind. Die durchstanzten Löcher sind auf der Rückseite für die Kinder sehr gut zu ertasten – die Raum-Lage und somit die Schreibweise der Zahlen stimmen auch wieder, wenn die Karte umgedreht wird.
Nun schließen die Kinder die Augen und ertasten die Form der Zahlen, indem sie mit den Fingern die gelochten Linien nachspuren. Wer findet die richtige Zahl heraus?

Zahl und Menge

Material • Zahlenkarten von 0 bis 6 (Menge auf der Rückseite sichtbar dargestellt z.B. durch Punkte)

Die Kinder sitzen im Kreis, die Zahlenkarten liegen in der Mitte verteilt. Die Erzieherin gibt den Kindern abwechselnd eine Karte in die Hand. Das Kind sucht nun eine entsprechende Menge an Gegenständen im Raum zusammen, z.B. sechs kleine Puppen oder Spielzeugautos. Diese Gegenstände bringt das Kind in den Stuhlkreis zurück und legt sie zusammen mit der Zahlenkarte in die Mitte. Gemeinsam wird gezählt und mit der Menge auf der Rückseite der Karten verglichen.

Zahlen hüpfen

Material • Straßenkreide   • Kieselsteine
• Würfel

Ein Hüpfkästchen, in sechs Felder eingeteilt, wird mit Straßenkreide aufgemalt. Diese Felder werden mit den Zahlen von 1 bis 6 beschriftet. Die Kinder würfeln zweimal nacheinander und benennen die oben liegende Zahl. Nun hüpfen sie auf das Feld der zweiten gewürfelten Zahl im Kästchen – die erste Zahl muss im Kästchen ausgelassen werden, also übersprungen. Wer auf dieses Feld hüpft, bekommt einen Strafpunkt in Form eines Kieselsteines. Sieger ist derjenige, der nach fünf Durchgängen am wenigsten Strafpunkte hat.
Um das Spiel schwieriger zu gestalten, können die Felder später bis zur 10 ausgebaut werden.

Sandkasten-Memory

Material • Sechs Stöckchen z.B. Asthölzer   • Messer (evt. Schnitz-
in derselben Länge   messer)

Dieses beliebte Spiel lässt sich ohne großen Aufwand auch im Sandkasten schnell umsetzen.

Die Stöckchen werden mit eingeritzten Linien an einem Ende markiert: Zwei Stöckchen haben jeweils eine Linie unten eingeritzt, die nächsten beiden bekommen zwei Linien usw.

Der Zahlenraum kann später natürlich weiter ergänzt werden. Das Spiel erfolgt nach den bekannten Memory-Regeln. Die Stäbe stecken so verteilt im Sandkasten, dass die markierten Enden nicht sichtbar sind. Ein Mitspieler zieht nun zwei Stäbe und zählt die eingeritzten Linien. Passen die Stöcke nicht zusammen, werden die Stäbe wieder in den Sand gesteckt und das nächste Kind ist an der Reihe. Stimmen die Markierungen überein, darf es weitersuchen.

Würfelspiel: Wer füllt den Eierkarton zuerst?

Material	• pro Mitspieler ein Eier- karton für sechs Eier • Stift	• Würfel • Schalen mit Perlen (pro Spieler 21 Perlen)

Die Fächer der Eierkartons werden von 1 bis 6 nummeriert. Vor jedem Mit-spieler steht ein leerer Karton und eine Schale mit 21 Perlen. Nun dürfen die Fächer gefüllt werden, je nach gewürfelter Zahl werden die Perlen in die entsprechenden Fächer gezählt. Welcher Karton ist zuerst voll?

Wer schafft das? – ein Würfelspiel

Material	• großer Würfel (am besten aus Schaumstoff)	• Zahlenkarten oder Zahlen aus Moosgummi

Die Kinder sitzen im Kreis auf dem Boden und rollen oder werfen sich den Würfel zu. Dabei werden Aufträge verteilt, die so oft ausgeführt werden sollen, wie die gewürfelte Zahl vorgibt, z. B.:
→ Hole die Zahlenkarte 6
→ Hole die Moosgummizahl 6
→ Klatsche sechsmal in die Hände
→ Wackel dreimal mit dem Fuß
→ Steh zweimal auf
→ Klopfe fünfmal auf den Boden
→ Hole fünf Spielzeugautos
→ Suche zwei Puppen usw.

Variation
Sprachspiele dazu gestalten z. B.: Nenne sechs Tiere, fünf Lieblingsspielzeu-ge, drei Kleidungsstücke …

Ballspiel: Zahlenreihe 1 bis 6 vor und zurück

Material   • Ball

Die Kinder sitzen im Kreis auf dem Boden. Der Ball wird rundum gerollt, dabei zählen die Kinder von Wurf zu Wurf mit: 1 – 2 – 3 – 4 – 5 – 6; ab „6" wird sofort zurückgezählt: 5 – 4 – 3 – 2 – 1. Je schneller der Ball rollt, umso aufmerksamer müssen die Kinder sein!

Zahlen formen – Perlenschlangen

Material	• Holz oder Kunststoffperlen mit Bohrung • Drahtschere	• Silberdraht (Durchmesser 0,3 mm – ca. 15 cm lange Stücke) • Zahlenkarten

Ein Ende des Drahtstückes wird zur Schlaufe gebogen, damit die aufgefädelten Perlen nicht wegrutschen. Nachdem alle Perlen locker aufgefädelt sind, wird auch das andere Ende des Drahtes zur Schlaufe gedreht – die Perlen sitzen fest. Nun kann die Zahlenform zum Beispiel die „6" gebogen und zur Kontrolle mit der entsprechenden Zahlenkarte verglichen werden. Die meisten Zahlen lassen sich aus einer Perlenschlange zurechtbiegen. Die Zahl „4" wird mit einer zusätzlich aufgefädelten kurzen Perlenschlange dargestellt.

Variationen
→ Zahlen mit einem Bindfaden auf die Zahlen-karte legen
→ Zahlen großflächig am Boden mit einem Seil nachlegen

Zahlenstangen

Material • große Perlen mit Bohrung   • Drahtschere
      • Silberdraht

Auf dieselbe Weise können die Mengen von 1 bis 10 mit Perlenstangen dargestellt werden. Sie fädeln erst eine Perle auf, biegen die Enden zur Schlaufe, dann zwei Perlen usw. bis zur 10er Stange. Die Länge des Drahtes richtet sich nach der Perlenmenge. Dabei dürfen die Perlen ruhig groß und somit besonders griffig für die Kinder sein.

Spielmöglichkeiten
➜ Der Länge nach ordnen lassen
➜ Perlenstange auswählen – dieselbe Anzahl noch mal auffädeln evtl. mit Bindfaden oder Schnur, nachzählen und vergleichen
➜ Perlenstangen sortieren und die Zahlenkarten zuordnen
➜ Perlenstangen der Reihenfolge nach ordnen – passende Anzahl an Gegenständen dazu holen und daneben legen
➜ Einfache Additionen und Subtraktionen
➜ Beliebige Perlenstange ziehen, Perlen abzählen – gleiche Menge an Gegenständen dazu holen lassen
➜ Beliebige Zahlenkarte ziehen lassen – passende Perlenstange suchen

Zahlenrennen

Material • Zahlenkarten von 0 bis 6   • Bauklötze, Eimer
      • Würfel

Die Zahlenkarten werden in einem großen Raum verteilt, am besten in einer Sporthalle oder auf einem großen Flur. In einer Ecke des Raumes liegen Bauklötze und kleine Eimer. Ein Kind darf würfeln und ruft die gewürfelte Zahl laut aus. Alle Kinder rennen schnell zu der gewürfelten Zahl – wer findet sie zuerst?

Variationen
➜ Die Kinder zählen nun die gewürfelte Menge in einen Eimer und tragen sie zu den entsprechenden Zahlenkarten, z. B. sechs Bauklötze
➜ Zahlenkarten doppelt auslegen und Additionen anbieten, mit zwei Würfeln spielen

Für das Zahlenbuch: Marienkäfer (Fingerdruck)

Material	• rotes Stempelkissen	• weißes Zeichenpapier
	• schwarzer Filzstift, Bleistift	

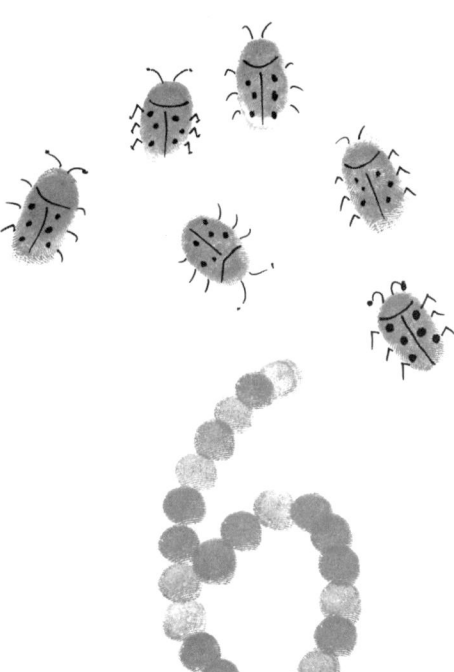

Die Kinder nehmen mit dem Zeigefinger vom Stempelkissen Farbe auf und drücken ihren Finger danach mehrmals auf das Papier. Wenn die Grundform getrocknet ist, wird der Marienkäfer weiter mit Filzstift ausgemalt. Eine gebogene Linie für den Kopf, eine senkrechte Linie als Körpermitte und die Fühler einzeichnen. Sechs Punkte auf die Flügel und sechs Beine vervollständigen den Käfer – dabei kann das Kind laut mitzählen.

Nun mit Bleistift die Zahl „6" aufzeichnen – entlang dieser Linie drückt das Kind mit dem Finger die Zahl. Das Bild kann im Zahlenbuch aufbewahrt werden.

Blumen würfeln

Material
- Zeichenblatt
- Bleistift und Buntstifte
- Zahlenkarten 1 bis 6
- Würfel

Jeder Mitspieler bekommt eine Zahlenkarte zwischen 1 und 6 zugeteilt. Nun zeichnen die Kinder mit Bleistift eine Blume in Umrissen mit 6 Blütenblättern. Die Blütenblätter bleiben frei, der Kreis innen kann schon ausgemalt und mit einem Gesicht verziert werden. Anschließend wird gewürfelt und immer, wenn ein Kind seine Zahl würfelt, darf es ein Blütenblatt ausmalen. Die zuvor ausgeteilten Zahlenkarten liegen offen bei den Kindern, damit immer wieder verglichen und kontrolliert werden kann. Wer als Erster seine Blume bunt angemalt hat, gewinnt!

Was passt noch ins Zahlenbuch?

Vorschläge zur Gestaltung:

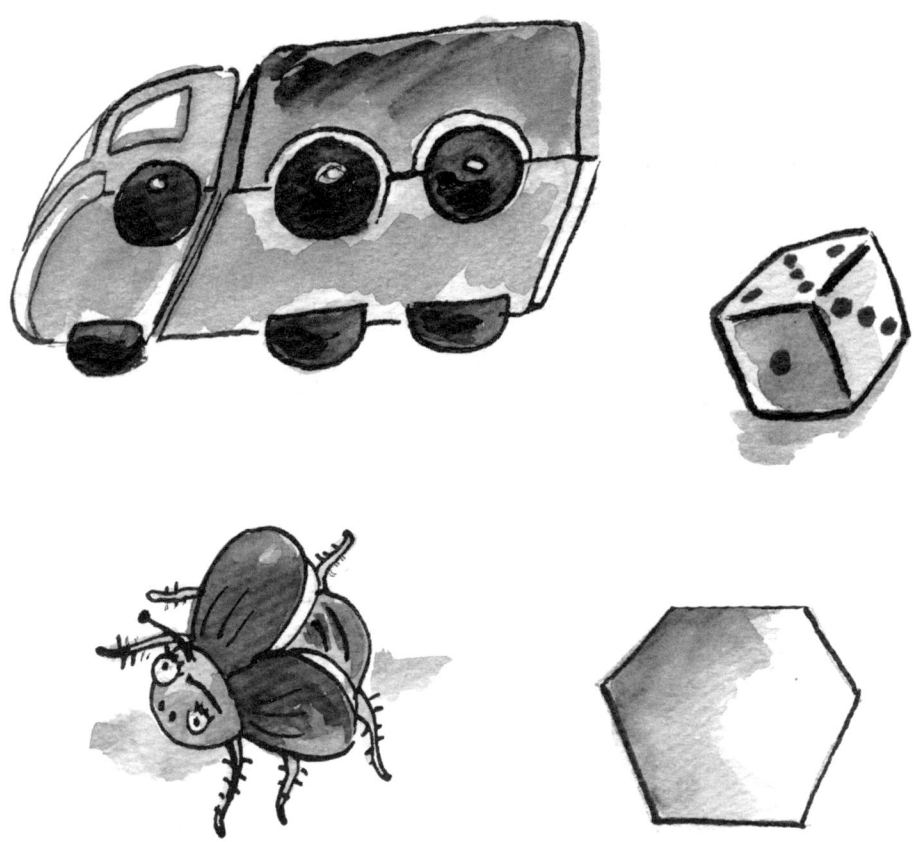

Die Sieben

Kaiser, wie viele Schritte darf ich gehen?

Dieses altbekannte Spiel eignet sich sehr gut zum Zählenlernen.
Ein Kind, der Kaiser, steht mit dem Gesicht zur Wand. Die anderen Kinder stehen im Abstand von ca. fünf Metern in einer Reihe hinter dem Kaiser und tragen Zahlenkarten. Bei sieben Mitspielern z. B. halten die Kinder jeweils eine Zahlenkarte von 1 bis 7 in der Hand.
Der Kaiser ruft nun eine Zahl auf, das Kind mit der entsprechenden Karte in der Hand fragt: „Kaiser, wie viele Schritte darf ich gehen?"

Der Kaiser antwortet, indem er die Anzahl der Schritte und die Schrittlänge variiert, z. B.: „Sieben Mäuseschritte vorwärts!".

Es gibt unterschiedliche Möglichkeiten: Mäuseschritte (Fuß an Fuß), Katzentapper (kleine Schritte) oder Siebenmeilenschritte (große Schritte) vorwärts und rückwärts.

Das Kind, das den Kaiser zuerst erreicht, hat gewonnen und ist als nächstes an der Reihe.

Zahlenschnecke (Hüpfspiel)

Material   • Straßenkreide   • Kieselsteine

Vor dem Spiel wird eine Schnecke mit bunter Kreide auf die Straße gemalt, die in sieben Felder eingeteilt wird. Diese Felder werden nummeriert von 1 bis 7.

Ein Kind beginnt, indem es seinen Stein in das Zahlenfeld 1 legt. Die Aufgabe besteht darin, diesen Stein auf einem Bein hüpfend von Feld zu Feld zu stoßen. Dabei darf die Linie nicht berührt werden und der Stein muss genau in einem Zahlenabschnitt landen. Gelingt das nicht, ist das nächste Kind an der Reihe.

Zum Abschluss des Spieles wird die Schnecke noch gefüttert, weil sie so schön mitgespielt hat: In die Zahlenfelder werden entsprechende Mengen an Steinen gelegt und dabei mitgezählt.

Variationen
→ Weitere Zahlenfelder dazu zeichnen z. B. von 0 bis 10
→ Laut mitzählen
→ Vorwärts und rückwärts hüpfen
→ Stein, auf einem Fuß liegend, mittragen lassen

Zahlenkiste

Material	• Je zwei Zettel mit der gleichen Zahl, die zusammengefaltet werden (Anzahl der Zettel ist abhängig von der Anzahl der Mitspieler)	• kleine Kiste oder Schachtel

Jedes Kind darf einen Zettel aus der Kiste ziehen und soll nun so schnell wie möglich seinen Partner finden. Das Spiel kann schwieriger gestaltet werden, wenn zum Beispiel vier Kinder die Zahl 7 auf ihrem Zettel stehen haben und sich zur Gruppe finden sollen.

Variationen
→ Auf einem Zettel sind die Mengen (z. B. Punkte) aufgemalt, auf dem anderen Zettel steht die Zahl.
→ Im Stuhlkreis: die gezogene Zahl anschauen, entsprechend oft in die Hände klatschen – die anderen Kinder müssen nun mitzählen und raten, um welche Zahl es sich handelt.

Für das Zahlenbuch: Zahl und Menge drucken

Material
- Flaschenkorken
- ausgestanzte kleine Moos-gummizahlen (im Fachhandel günstig zu erwerben)
- Moosgummireste
- Schere, Klebstoff
- Stempelkissen
- Stifte

Druckverfahren unterstützen neben der Feinmotorik und Bewegungskoordination auch das gesamte Erfassen der Zahlenform. Mit diesen einfach hergestellten Druckstempeln kann zudem jeder Zahl noch die passende Menge zugeordnet werden.

Die Moosgummizahlen werden seitenverkehrt auf den Korken geklebt. Aus Moosgummiresten einfache Formen wie z. B. Kreise, Dreiecke, Herzen oder Sterne ausschneiden und auf den Korken kleben. Kreise können direkt mit einem Korken aufgedruckt werden. Auch gleichmäßig runde Holzscheiben, zu einem kleinen Turm aufgeklebt, eignen sich als Stempel zur Darstellung von Mengen sehr gut.

Oft sind schon ausgestanzte Moosgummiteile vorhanden, die ebenso benutzt werden können.

Die Zahl wird auf Papier gedruckt und die passende Menge daneben gestempelt. Wer möchte, kann seine Formen mit Stiften weiter ausgestalten. Das fertige Bild kommt in das Zahlenbuch.

Was passt noch ins Zahlenbuch?

Vorschläge zur Gestaltung:

Gedächtnisspiel: Welche Zahl fehlt?

Material • Zahlen aus Moosgummi • Zahlenkarten

Die Zahlen liegen verteilt auf dem Tisch, die Anzahl variiert je nach Alter der Kinder.
Alle haben nun Zeit, sich die Zahlen gut einzuprägen, danach verlassen die Kinder den Raum. Die Erzieherin nimmt eine oder mehrere Zahlen weg und holt die Kinder zurück. Welche Zahl fehlt? Für jüngere Kinder kann das Spiel leichter gestaltet werden, wenn in der Nähe die Zahlenkarten in der richtigen Reihenfolge sortiert ausliegen. Die Moosgummizahlen können mit den Zahlenkarten verglichen werden, so fällt die fehlende Zahl sofort auf.

Wer hat die Zahl? – Kreisspiel

Material • Zahlenkarten von 0 bis 7

Die Kinder (mindestens ein Kind mehr als die höchste Anzahl auf der Zahlenkarte) sitzen im Kreis auf dem Boden. Die Erzieherin teilt hinter dem Rücken der Kinder Zahlenkarten aus.
Auf die Frage: *„1- 2- 3- 4- 5- 6- 7, wo ist denn die Sieben geblieben?"*, dürfen sich alle Kinder umdrehen und nachschauen, ob hinter ihnen diese Zahlenkarte liegt. Wer die Karte hinter sich entdeckt, läuft mit ihr um den Sitzkreis außen herum und legt die Karte möglichst unbemerkt hinter dem Rücken eines anderen Kindes ab. Dann darf der Läufer weiter fragen, z.B.: *„1- 2- 3- 4- 5- 6- 7, wo ist denn die Drei geblieben?"* So werden reihum die Zahlen abgefragt und gesucht.

Zahlenzauber mit den Händen!

Die Kinder sitzen im Kreis und zeigen mit den Händen die aufgerufene Zahl:

„Hokus, Pokus, 1 – 2- 3!
Wir zaubern nun die 7 herbei!"

Alle Kinder zeigen sieben Finger! Auf diese Weise können alle Zahlen herbeigezaubert werden.

Variationen
→ Zahlenreihe vor- und rückwärts herbeizaubern
→ Zahlenkarten dazu suchen lassen
→ Jeweilige Mengen dazu suchen lassen z.B.: sieben Glassteine
→ Einfache Additionen und Subtraktionen anbieten

Abzählreime

1, 2, 3, 4, 5, 6, 7,
eine alte Hex kocht Rüben.
Eine alte Hex kocht Speck
und du bist weg!

1, 2, 3, 4, 5, 6, 7,
heute gibt es gelbe Rüben.
Heute gibt`s Kartoffelbrei,
wer ihn mag, der ist nun frei!

Gerade und ungerade Zahlen

Material	• Zahlenkarten	• Bleistift
	• Muggelsteine	

Mit dieser Übung können gerade und ungerade Zahlen sehr anschaulich dargestellt werden. Die Zahlenkarten werden der Reihenfolge nach von links nach rechts sortiert, darunter die Muggelsteine paarweise anordnen, bei ungeraden Zahlen liegt der letzte Stein in der Mitte.
Fahren Sie nun mit dem stumpfen Stiftende zwischen den Muggelsteinen hindurch – benennen Sie dabei deutlich

die Zahl. Bei ungeraden Zahlen wird vor dem mittig gelegten Stein deutlich gestoppt – eine ungerade Zahl! Bei geraden Zahlen kann ungehindert in langsamen, gleichmäßigen Bewegungen durchgefahren werden; der Weg ist offen – eine gerade Zahl.
Nun ist das Kind an der Reihe.

Kreisspiel – Mein Zahlennachbar

Material	• Zahlenkarten von 0 bis 10	• Moosgummizahlen von 0 bis 10

Die Zahlenkarten liegen der Reihenfolge nach geordnet als Weg oder Schnecke in der Mitte des Stuhlkreises. Gemeinsam wird zuerst vorwärts und rückwärts gezählt. Dann teilt die Erzieherin Moosgummizahlen von 0 bis 10 an die Kinder aus.
Die Kinder, die keine Zahlenkarte haben, dürfen sich nun abwechselnd eine Zahl vom Zahlenweg aussuchen und laut rufen, z.B.: „7“.
Das Kind mit der Zahlenkarte 7 in der Hand sucht seine Zahl auf dem Zahlenweg und stellt sich darauf. Die Kinder mit den jeweiligen Nachbarzahlen in der Hand stellen sich daneben.
Alle zählen laut mit, dann setzen sich die Kinder wieder und eine andere Zahl wird aufgerufen.
Später werden die Zahlenkarten ausgetauscht.

Die Acht

Knotenschlange

Material	• dicker Bindfaden oder Seil	• verschiedene Zahlenkarten mit entsprechender Menge auf der Rückseite

In das Seil oder in den dicken Bindfaden werden mit etwas Abstand zum Beispiel acht Knoten geknüpft. Die Kinder ertasten mit geschlossenen Augen die Anzahl der Knoten, benennen diese und suchen die entsprechende Zahlenkarte dazu. Mit der Zahlenkarte und der aufgemalten

Menge auf der Rückseite können sie die Anzahl der Knoten vergleichen und kontrollieren.

Variationen

➜ ein Kind knüpft die Knoten selbst, ein anderes Kind ertastet und benennt die Menge

➜ Knotenmengen in ein langes Seil knüpfen und ertasten lassen: einen Knoten knüpfen – Platz lassen, zwei Knoten – Platz lassen, drei Knoten hintereinander – Platz lassen und so weiter bis 10 Knoten hintereinander geknüpft sind.

Perlen auffädeln

Material	• bunte Perlen mit Bohrung • entsprechend dicker Bindfaden, an einem Ende verknotet	• Zahlenkarten mit passenden Mengen auf der Rückseite

Die Kinder ziehen eine Zahlenkarte und fädeln die passende Anzahl an Perlen auf – zur Kontrolle können die Kinder die Menge auf der Rückseite ihrer Zahlenkarten mit der Anzahl ihrer aufgefädelten Perlen vergleichen.

Variationen

➜ Vorgefertigte Perlenketten liegen als Anschauungsmaterial bereit, die Kinder fädeln dieselbe Anzahl Perlen auf

➜ Das Alter der Kinder durch Perlenketten aufzeigen – für jedes Jahr eine Perle

Riesenzahlen

Material · Seil oder Klebeband

Die Zahl „8" wird mit einem Seil großzügig am Boden ausgelegt. Wer die Möglichkeit hat, kann diese Zahl auch mit einem Klebeband am Boden festkleben. Diese Zahl laufen die Kinder ab, indem sie in der Mitte beginnen und Fuß an Fuß stellen. Dabei wird die Zahl deutlich benannt. Die Kinder können auf der Zahl auch hüpfen, kriechen oder krabbeln.

Variationen

➔ Achtmal in die Hände klatschen und laut mitzählen
➔ Zahl mit Seil nachlegen, mit einem Spielzeugauto nachfahren
➔ In die Zahl passende Mengen legen: acht Perlen, acht Steine, acht Bauklötze usw.
➔ Weitere Zahlen dazu ordnen: Moosgummizahl 8, Magnetzahl 8, gedruckte oder geschriebene Zahl 8, Zahlenkarte 8 usw.
➔ Zahl 8 kleiner mit Klebeband am Tisch aufkleben – mit den Schreibfingern nachspuren lassen
➔ Zahl groß abmalen lassen z. B. auf Packpapier mit Wachsmalkreiden
➔ Zahlen hören: auf dem Glockenspiel eine Anzahl von Tönen anschlagen

Lerngymnastik: Achterschleifen

Diese Übung trainiert neben dem Bewegungsablauf auch das Zusammenspiel beider Gehirnhälften – eine wichtige Voraussetzung für erfolgreiches Lernen.
Sie kommt aus dem Bereich der „Edu – Kinästhetik", eine Methode, um ungenutzte Fähigkeiten und Potentiale des Gehirnes zu aktivieren.
Die Kinder malen eine Acht in großen Schwüngen mit dem Finger in die Luft. Dabei üben sie das Überkreuzen der eigenen Körpermitte, das eine große Rolle bei der Zusammenarbeit beider Gehirnhälften spielt.

Begonnen wird in der Mitte, von hier schwingen die Kinder mit dem rechten Arm und ausgestreckten Zeigefinger gegen den Uhrzeigersinn nach links oben. Danach geht es mit dem linken Arm im Uhrzeigersinn nach rechts oben. Abwechselnd schwingen die Arme zurück in die Mitte. Nachdem die Kinder diese Übung ein paar Mal abwechselnd mit beiden Armen ausprobiert haben, malen sie nun die Acht beidhändig in die Luft, dabei überkreuzen sich die Hände in der Mitte.

Variationen
→ Beidhändig die Acht auf Papier malen
→ Die Zahl in Sand malen lassen (z. B. ein Backblech mit Vogelsand füllen)
→ Achterbahn auf großem Packpapier spielen, dabei die Zahl dick nachspuren

Zahlenspinne

Material	• zwei Wattekugeln in verschiedenen Größen	• Tonpapierreste, schwarz und weiß
	• Klebstoff	• vier Pfeifenputzer
	• Schere	

Die Wattekugeln werden zum Körper der Spinne zusammen geklebt. Die Augen entstehen aus Tonpapierkreisen, die am Kopf festgeklebt werden. Abschließend schneiden die Kinder alle Pfeifenputzer in der Mitte durch und stecken jeweils vier Teile seitlich in den Körper. Die Beine in Form bringen – schon kann die Spinne auf Zahlensuche gehen!

Unsere Spinne liebt alle Zahlen und krabbelt am liebsten auf der Acht oder auf dem Zahlenweg herum. Leider kennt sie noch nicht alle Zahlen und braucht ein bisschen Hilfe: Findet sie zusammen mit den Kindern die Acht?

Was passt noch ins Zahlenbuch?

Vorschläge zur Gestaltung:

Spiel mit Legosteinen

Material	• Zahlenkarten	• Legosteine

Die Zahlenkarten und Legosteine liegen verteilt auf dem Boden. Die Kinder suchen sich eine Zahlenkarte aus, z.B. die Acht und zählen dazu acht Legosteine, die zu einem Turm aufgebaut werden. Diesen Turm stellen sie auf die Zahlenkarte. So können Türme zu allen Zahlenkarten nach und nach aufgebaut und die unterschiedlichen Höhen verglichen werden.

Variationen

➜ Zahlenkarte kurz zeigen, danach weglegen. Kind baut aus dem Gedächtnis den Turm und vergleicht später mit der Karte

➜ Als Wettspiel gestalten: zwei Gruppen bekommen dieselben Zahlenkarten zugeteilt. Welche Gruppe hat zuerst die Türme richtig aufgebaut?

➜ Türme von 1 bis 10 aufbauen und die Höhen vergleichen

Octopus braucht Hilfe

Material	• ein großes quadratisches Stück Filz (40 x 40 cm) • Watte • Schere	• Bindfaden • Filzstift • Klett-Klebepunkte oder Ähnliches, was am Filz gut haftet

Der Octopus ist leicht herzustellen: In die Mitte des Filzes wird ein faustgroßes Stück Watte gelegt und mit Hilfe des Bindfadens wird nun der Filz fest zusammengebunden, so dass der Kopf des Octopus entsteht. Nun kann der übrige, herabhängende Filz entsprechend als Tentakel zurechtgeschnitten werden. Auf diesen acht Tentakeln können die Kinder Klebepunkte anbringen, denn der Octopus kommt mit seinen acht Fangarmen immer wieder durcheinander. Wenn er sie putzen will, weiß er nicht mehr, welches Bein schon sauber ist und welches nicht. Deshalb muss er unbedingt Hilfe haben. Das erste Bein bekommt einen Klebepunkt, das nächste zwei usw., bis auch das achte Bein markiert ist.

Die Neun

Geheimnisvoller Beutel (Tastspiel)

Material	• Moosgummizahlen von 0 – 9	• Zahlenkarten von 0 – 9
	• kleiner Beutel oder Sack mit Bändern zum Schnüren	mit Bildern von Mengen auf der Rückseite

Bei diesem Spiel sollten den Kindern anfangs nur die Zahlen angeboten werden, die ihnen schon vertraut sind. Diese Aufgabe ist nicht so einfach für Kinder: Wird eine Zahl verdreht in die Hand genommen, ist die Form schwerer herauszufinden. So wird aus einer Sechs schnell eine Neun. Beginnen Sie deshalb mit wenigen bekannten Zahlen.

Die Moosgummizahlen werden in den Beutel gesteckt. Die Kinder greifen der Reihe nach hinein und ertasten die Form. Wer erkennt die Zahl und kann diese richtig benennen?

Zur Kontrolle kann eine Zahlenkarte dienen. Die Zahlen werden verglichen, indem die ertastete und zuvor benannte Moosgummizahl auf die Zahlenkarte gelegt und Formen direkt verglichen werden. Die dazugehörige Menge auf der Rückseite der Karte zählen die Kinder laut vor.

Passend zu der Zahl können die Kinder noch Gegenstände aus dem Raum zusammentragen.

Variation

Etwas einfacher wird es für die Kinder, wenn die Moosgummizahlen unter einem Tuch verteilt in der richtigen Lage auf dem Tisch liegen und so ertastet werden. Zuvor können dem Kind die Zahlen gut sichtbar auf den Tisch gelegt und durch Handführung während des Abtastens der Form geholfen werden. Dabei sollten sie die Zahl deutlich benennen und die Schreibrichtung beachten, damit sich keine falschen Bewegungsabläufe einprägen, die später in der Schule nur schwer korrigiert werden können.

Gedächtnisspiel

Material	• Zettel mit Zahlen von 0 bis 9	• Zahlenkarten von 0 bis 9
	• Bauklötze oder Legosteine	/ Menge auf der Rückseite sichtbar

Verteilen Sie an die Kinder zusammengefaltete Zettel, auf denen die Ziffern von 0 bis 9 stehen.

Die Kinder falten diese Zettel auseinander, prägen sich die Zahl ein und legen den wieder zusammengefalteten Zettel beiseite.

Anschließend holt jedes Kind die Anzahl von Bauklötzen oder Legosteinen, die zu seiner Ziffer passen. Nun suchen die Kinder die passende Zahlenkarte zu ihrer Ziffer.

Reihum sagt jedes Kind nun seine Zahl, zeigt den aufgefalteten Zettel und kontrolliert zusammen mit den anderen Kindern die Anzahl der Gegenstände, indem sie gemeinsam laut zählen. Die Zahlenkarte mit der Mengenangabe auf der Rückseite dient als Kontrolle.

Mein rechter, rechter Platz ist leer

Material • Zahlenkarten von 0 bis 9

Dieses beliebte Spiel lässt sich wunderbar auch mit Zahlen spielen.
Je nach Anzahl der Kinder werden Zahlenkarten verteilt – höchstens jedoch zehn Karten, das heißt, es können auch nur maximal zehn Kinder mitspielen. Die Kinder sitzen im Kreis, ein Stuhl bleibt leer. Ein Mitspieler beginnt: Mein rechter, rechter Platz ist leer, da wünsch ich mir die Neun her! Das Kind mit der Nummer „9" setzt sich auf den freien Platz. Reihum darf sich das Kind eine Zahl wünschen, dessen rechter Platz nun frei ist.
Natürlich können mehr Kinder mitspielen, wenn die Zahlen in einem größeren Zahlenraum schon bekannt sind.

Zahlen klatschen

Material • Zahlenkarten von 0 bis 9

Die Kinder sitzen im Kreis, die Zahlenscheiben liegen in der Mitte. Die Erzieherin hebt eine Karte hoch, benennt diese und die Kinder klatschen entsprechend oft in die Hand. Je schneller dieses Spiel gespielt wird, umso konzentrierter müssen die Kinder bei der Sache sein. Aufgepasst bei der Null!

Variationen

→ Je nach Alter und Wissenstand der Kinder die Zahlenkarten dosiert anbieten, zum Beispiel von 0 bis 5
→ Die Erzieherin oder ein Kind „klatscht" eine Zahl, die anderen Mitspieler suchen passend dazu die Zahlenkarte.
→ Je nach ausgewählter Zahl entsprechend oft die Bewegungen: auf einem Bein hüpfen, im Kreis drehen, Kniebeugen usw.

Abzählreim

Eins, zwei, drei,
du bist nicht frei,
vier, fünf, sechs,

da steht die Hex',
sieben, acht und neun –
DU darfst dich freu'n!

Zahlen fühlen

Material	• Zahlenkarten von 0 bis 9	• Murmeln oder Perlen

Es spielen immer zwei Kinder zusammen, ein Kind schreibt dem anderen mit dem Zeigefinger eine Zahl, zum Beispiel die „9" auf den Rücken, das andere Kind soll erraten, um welche Zahl es sich handelt.
Nachdem das mehrmals geübt worden ist, zieht ein Kind eine Zahlenkarte, die der Mitspieler nicht sehen darf. Anschließend „schreibt" es diese Zahl dem Partner auf den Rücken oder in die Handinnenfläche. Daraufhin holt

das Kind nun die entsprechende Menge an Gegenständen wie Murmeln oder Perlen. Wer hat die Zahl richtig erspürt?
Stimmen Menge und Zahl überein?

Variation
Die Kinder ziehen eine Zahl (z.B. aus Moosgummi) aus einem Säckchen und schreiben sich diese gegenseitig auf den Rücken oder in die Luft. Wer erkennt die Zahl?

Sortieren und Ordnen

Material	• Zahlenkarten von 0 bis 9	• Zahlen aus Moosgummi entsprechend der Zahlengröße auf den Karten von 0 bis 9

Die Kinder sortieren die Zahlenkarten der Reihenfolge nach auf dem Tisch, die Zahlen können je nach Alter und Wissensstand der Kinder auch dosiert (z.B. von 1 bis 3) angeboten werden. Nun spuren die Kinder mit den Schreibfingern die Zahlen in der richtigen Schreibweise nach und suchen die passende Moosgummizahl dazu. Zum Vergleich wird die Zahl aus Moosgummi auf die Zahlenkarte gelegt. Für jüngere Kinder ist diese Aufgabe nicht ganz so einfach, wie es klingt: bei den Zahlen aus Moosgummi muss zuerst die richtige Raum-Lage der Zahl gefunden werden, bevor diese zu der Zahlenkarte passt.

Variation
Danach noch die Mengen zuordnen lassen, z.B. Knöpfe

Für das Zahlenbuch: Nass in Nass malen

Material	• wasserfester, schwarzer Filzstift, Bleistift • buntes Tonpapier DIN A4 • festes Zeichenpapier	• Wasserfarben, Pinsel, Wasserglas • Schere, Klebstoff

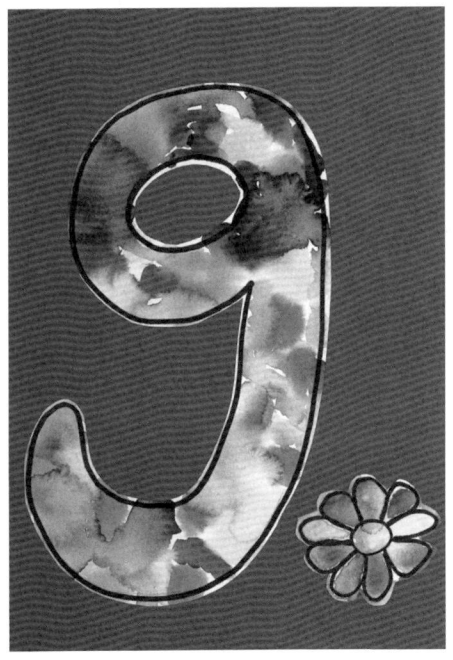

Mit Filzstift wird die Zahl in Umrissen auf das Zeichenpapier geschrieben. Dabei wird diese von der Erzieherin mit Bleistift vorgezeichnet und die Kinder spuren die Linien nach. Achten Sie dabei auf die Größe, da die Zahl ausgeschnitten und auf buntes Tonpapier geklebt ins Zahlenbuch geordnet wird.
Nun mit dem Pinsel und Wasser das Papier befeuchten und die Wasserfarbe darauf tropfen lassen. Bei dieser Technik können die Kinder sanfte Farbübergänge und verschwimmende Formen beobachten. Wenn das Bild getrocknet ist, wird die Zahl so ausgeschnitten, dass neben dem Filzstiftstrich noch ein kleiner Steg stehen bleibt, so wirkt das Bild später besonders schön.
Wer möchte, malt in dieser Technik noch neun Blumen dazu.

Was passt noch ins Zahlenbuch?

Vorschläge zur Gestaltung:

Die Zehn

Zahlenraupe

Material	• runde Pappscheiben (evtl. Bierfilze), an den Seiten mit Löchern versehen	• Bindfäden • Schere und Stifte

Die Kinder schreiben die Zahlen auf die Pappscheiben (gegebenenfalls zusammen mit der Erzieherin) und binden diese Scheiben in der richtigen Reihenfolge aneinander. Der Kopf der Raupe bleibt frei.
Unsere Raupe hat immer großen Hunger und verspeist mit Vorliebe Knöpfe oder Perlen.

Die Kinder ordnen die richtige Anzahl von Gegenständen auf die Papp-
scheibe mit der entsprechenden Ziffer darauf.

Variationen
→ Die Scheiben liegen vorbereitet aus – Kinder sortieren die Zahlen der
   Reihenfolge nach und binden die Pappscheiben zusammen.
→ Sie legen die passenden Mengen dazu, z. B. Legosteine oder Perlen.
→ Zahlen dosiert nach Alter und Wissensstand der Kinder anbieten und
   z. B. Pappscheiben von 1 bis 5 zusammenbinden lassen

Zahlen vor und zurück!

Material   • Zahlenkarten zum Weg ausgelegt

Ein Kind darf beginnen. Es ruft ein anderes auf, nennt eine Zahl zwischen
0 bis 10 und sagt dazu „Vorwärts" oder „Rückwärts", also zum Beispiel „10 –
rückwärts!"
Das aufgerufene Kind geht zum Zahlenweg, stellt sich auf die Nummer 10
und läuft den Weg rückwärts, dabei zählt es laut mit: 10 – 9 – 8 – 7...
Alle Mitspieler dürfen beim Zählen mithelfen. Nun wird das nächste Kind
aufgerufen und erhält den Auftrag: „4 – vorwärts!" Es stellt sich auf die
Nummer 4 und läuft laut zählend „4 – 5 – 6 ... bis zur Zahlenkarte 10. Da
passiert es schon mal, dass ein Kind ruft: „0 – rückwärts!"

Variationen
→ Bei jüngeren Kindern kann die Erzieherin die Aufträge verteilen.
→ Nachbarszahlen suchen lassen

Zahlendetektive

Material • Zahlenkarten von 0 bis 10

Das Spiel beginnt in einem Zimmer und kann auf verschiedene Räume ausgedehnt werden. Jedes Kind bekommt eine Zahlenkarte in die Hand. Alle Detektive haben nun die Aufgabe, möglichst viele Dinge und Abbildungen zu finden, die zu dieser Zahl passen z. B.:

→ Der Elefant hat einen Rüssel – zur Zahlenkarte 1
→ Ein Bild von einem Fahrrad zeigt zwei Räder – also zur Karte mit der 2
→ Ein Stuhl oder Stofftier hat vier Beine – Zahlenkarte 4
→ Auf einem Bild sind 5 Bäume zu sehen – Zahlenkarte 5
→ Auf einem Legostein sind 6 Kreise – also zur Zahlenkarte 6

dazu Ausschau nach Zahlen in Kalendern, Terminplanern usw. halten.

Sobald die Kinder eine passende Abbildung oder einen entsprechenden Gegenstand gefunden haben, melden sie sich bei der Erzieherin und bekommen einen Punkt gutgeschrieben. Dieses Spiel kann auch als Partnerspiel angeboten werden, so können ältere Kinder den jüngeren helfen.

Nicht jeder Gegenstand oder jede Abbildung kann zur Erzieherin geschleppt werden! Deshalb vorher mit den Kindern besprechen, dass eine Meldung genügt.

Variation
Sie können für die Kinder zusätzlich Zahlen (z.B. aus Moosgummi, Holz oder auf Papier geschrieben) in den Räumen verteilen. Diese Zahlen dürfen dann von den Kindern gesucht und zurückgebracht werden.

Zahlenweg

Material • Zahlenkarten von 0 bis 10 • Legosteine oder Bauklötze

Die Zahlenkarten werden der Reihenfolge nach als Weg oder in einer Spirale am Boden ausgelegt. Je nach Alter und Wissensstand können Kinder beim Auslegen schon mithelfen. Nun dürfen die Kinder den Zahlenweg gehen: Die Erzieherin läuft voraus und benennt dabei die Zahlen laut und deutlich. Der Reihe nach laufen die Kinder den Zahlenweg ab und zählen mit Hilfe der anderen die Zahlen laut vor. Dabei können sie später zusätzlich mit ihren Finger mitzählen.
Wer kann den Weg auch rückwärts gehen und die Zahlen benennen?

Variationen
→ Je nach Alter und Wissensstand der Kinder weniger Zahlen auslegen, zum Beispiel von 1 bis 5.

→ Die Kinder laufen den Weg und schlagen eine Triangel dazu.

→ Die Kinder ordnen passende Mengen in die Zahlenkarten.

→ Die Erzieherin schlägt auf eine Triangel: Je nach Anzahl der Schläge gehen die Kinder zu der entsprechenden Zahl.

→ Ein Kind zeigt mit den Fingern eine Zahl, ein anderes sucht diese Zahl auf dem Zahlenweg.

→ Die Kinder schicken sich gegenseitig mit und ohne Material zu einer ausgewählten Zahl im Zahlenweg – alle zählen mit.

→ Unterschiedliche Anweisungen geben: Gehe drei Felder vor oder zurück, auf welcher Zahl stehst du gerade?

Zahlen rauf und runter!

Material • Zahlenkarten von 0 bis 10

Auch dieses Spiel festigt die Zahlenreihenfolge, es ist etwas schwerer für die Kinder, weil die Zahlenreihe nicht sichtbar geordnet auf dem Boden liegt, sondern selber von ihnen zusammengestellt werden muss. Die Zahlenreihenfolge sollte schon bekannt sein, da bei diesem Spiel das Vorwärts- und Rückwärtszählen geübt wird.

Die Kinder sitzen im Stuhlkreis, alle Zahlenkarten von 0 bis 10 werden verteilt. Die Kinder stehen der Zahlenreihenfolge nach auf und zählen von 0 bis 10 durch. Jedes Kind stellt also seine Zahl in der richtigen Reihenfolge vor. Es wird vorwärts und rückwärts gezählt.

Nun dürfen die Kinder, die keine Zahlenkarte in der Hand halten, abwechselnd eine Nummer nennen: zum Beispiel: „ 10 – rückwärts!". Das Kind mit dieser Zahl steht auf und benennt diese, danach sind die Kinder mit den Zahlen 9, 8, 7, 6, 5 – bis zu der 0 an der Reihe.

Das nächste Kind ruft zum Beispiel: „3 – vorwärts!" nun stehen die Kinder mit den Zahlen von 3 bis 10 auf und benennen nacheinander ihre Zahlen.

Es wird abwechselnd vorwärts und rückwärts gezählt und die Zahlenkarten nach einer Weile weitergereicht und getauscht.

Variationen

→ Die aufgerufenen Kinder stellen sich je nachdem vorwärts und rückwärts in einer Reihe auf.

→ Nachbarszahlen suchen lassen: zur 5 gesellt sich die 4 und die 6 …

→ Zahlenweg mit einbauen und vergleichen

Tastsäckchen

Material	• 11 Säckchen mit Zugkordel • Moosgummizahlen von 0 bis 10	• mindestens 55 Gegenstände (Nüsse, Glassteine oder Knöpfe) in Schalen verteilt • Zahlenkarten von 0 bis 10

Stecken Sie in jeden Beutel jeweils eine Moosgummizahl, also in das erste Säckchen die 0, dann so weiter bis zur 10.

Teilen Sie die Säckchen an die Kinder aus – Schalen mit den Gegenständen liegen am Tisch bereit. Die Kinder ertasten nun ihre Zahl und füllen die entsprechende Anzahl an Gegenständen in ihr Säckchen. Der Beutel mit der „0" bleibt selbstverständlich leer.

Die Zahlenkarten liegen gut sichtbar verteilt auf dem Boden oder auf dem Tisch verteilt.

Nun öffnen die Kinder der Reihe nach ihr Säckchen und zählen die Gegenstände laut ab. Stimmt die Menge mit der Zahl aus Moosgummi überein, darf sich das Kind die passende Zahlenkarte dazu holen. Stimmt die Anzahl nicht, kommen die Gegenstände zurück in die Schalen. Das Kind darf mit den anderen zusammen die richtige Menge neu in sein Säckchen füllen.

Variationen

→ Menge und Zahl gut sichtbar am Boden zuordnen und zusammen in das Säckchen zählen

→ Zahlenreihenfolge von 0 bis 10 sortieren lassen, die Kinder stecken die Moosgummizahlen dabei selber in die Säckchen

→ Säckchen mit Zahl drin unter den Kindern austauschen

→ Menge in die Säckchen und die Zahl dazu suchen lassen

Für das Zahlenbuch: Zahlen verzaubern

Material	• weißes Zeichenpapier DIN A4	• Bleistift, Buntstifte oder Filzstifte

Kinder lieben es, Dinge zu verkleiden oder zu verzaubern und entwickeln dabei oft erstaunlich kreative Ideen. Zeichnen Sie Zahlen in Umrissen auf das Papier – nun dürfen die Kinder diese Zahlen mit Stiften weiter ergänzen und verändern, bis eine verzauberte Zahl dabei herauskommt! Das fertige Bild wird im Zahlenbuch aufbewahrt.

Abzählreime

1, 2, 3, 4,
auf dem Baum da sitzen wir.
5, 6, 7, 8,
und da hat es „Knacks" gemacht!
9, 10, ach, oh Graus,
du fällst hinunter und bist raus!

1, 2, 3, 4,
Verstecken spielen wir.
5, 6, 7, 8,
dass dabei keiner lacht!
9 und 10 wir zählen aus,
suche uns, denn du bist raus!

1, 2, 3, 4, 5, 6, 7,
in der Schule wird geschrieben.
8, 9, 10, so zählen wir,
wer uns fangen muss, bleibt hier!

1, 2, 3, 4, 5, 6, 7,
wo sind die Kinder denn geblieben?
Ich zähle 8 und 9 und 10
und du musst sie suchen gehn!

Was passt noch ins Zahlenbuch?

Vorschläge zur Gestaltung:

Zählen mit Holzkugeln

Material	• 11 kleine Pappschachteln oder gleich große Kartondeckel • Filzstift	• 55 Holzkugeln im Korb • 11 kleine Stoffbeutel

Beschriften Sie die Pappschachteln von 0 bis 10 und legen Sie diese der Zahlenreihenfolge nach geordnet vor das Kind auf den Tisch. Fordern Sie das Kind auf: „Zeig mir die Drei", „Zeig mir die Vier" usw.
Das Kind zählt die entsprechende Menge an Kugeln in die Pappschälchen. Anschließend zählt es Kugeln in die Säckchen und legt diese zurück in die Pappschälchen. Dabei wiegt es die Stoffbeutel in der ausgestreckten Hand und „erfühlt" auf diese Weise zusätzlich die Mengen.

Variationen
➜ Zahlen dosiert anbieten, z. B. von 0 bis 5 benannt
➜ Säckchen zuerst füllen und dann in die Schälchen. Danach benennt das Kind alleine die Zahlen.
➜ Kugeln in falscher Anzahl einordnen. Kind zählt nach, kontrolliert und darf den Fehler finden.
➜ Kugeln in umgekehrter Reihenfolge abzählen, also von 10 bis 0
➜ Einfache Additionen anbieten

Zahlen drücken

Ein Kind tippt dem Partner mit Händen und Fingern eine Zahl auf den Rücken. Der Partner muss die Zahl nennen. Regel: Beide Hände auf einmal auf den Rücken gelegt bedeutet einen Zehner, eine Hand einen Fünfer. Die verbleibenden Einer werden mit dem Zeigefinger in die Mitte des Rückens getippt.

Diebische Elster

Material	• Zahlenkarten	• 55 Muggelsteine o. Ä.

Legen Sie zusammen mit den Kindern die Zahlenkarten der Reihenfolge nach von links nach rechts mit etwas Abstand auf den Tisch. Die Zahlen werden benannt.

Nun darf das Kind die entsprechende Menge an Muggelsteinen unterhalb der Zahlenkarten ablegen. Dabei werden diese paarweise angeordnet; bei ungeraden Zahlen den letzten Stein in die Mitte legen. Diese Anordnung dient der Anschaulichkeit von geraden und ungeraden Zahlen.

Sind alle Steine richtig verteilt, dreht sich das Kind um oder verlässt kurz den Raum. Eine diebische Elster stiehlt nun einige Steine!

Welche Menge stimmt nicht mehr mit der Zahl überein?

Mengen abzählen und sortieren

Material	• Eierkartons mit 10 Fächern	• Perlen
	• Filzstift	

Die Kinder dürfen in die Mulden des Eierkartons Perlen einsortieren: In die erste Mulde kommt eine Perle, in die zweite Mulde werden zwei Perlen gezählt und so weiter, bis in der letzten Mulde zehn Perlen liegen. Die Mulden können mit den Zahlen von 1 bis 10 beschriftet werden, so verbinden die Kinder die Menge mit dem jeweiligen Zahlwort.

Variationen

→ Ein Kind bestückt beliebig mehrere Mulden, ein anderes Kind fühlt die Mengen mit geschlossenen Augen und benennt sie – wer zählt richtig?

→ Die beschrifteten Mulden werden mit einer falschen Anzahl bestückt – das Kind darf kontrollieren. Wer findet den Fehler?

„Alle Finger zeigen ...“

Das Spiel dient der Übung der Feinmotorik und der Festigung der strukturierenden Anzahlerfassung auf einen Blick.

Alle Kinder „trippeln" mit ihren Fingern auf der Tischplatte. Die Spielleiterin sagt: „Alle Finger zeigen ..." und nennt eine Zahl, die mit zehn Fingern darstellbar ist. Es sind unterschiedliche Darstellungen erlaubt: z.B. für die Sechs eine Hand und ein Finger oder jeweils drei Finger pro Hand usw. Bei Null wird kein Finger gezeigt.

Nach einiger Übung mögen es die Kinder gern, auch eine größere Anzahl bis 20, bis 50 oder sogar bis 100 darzustellen. Für die Zehner werden jeweils beide Hände gleichzeitig geöffnet und gezeigt.

Literatur

Bayrisches Staatsministerium für Arbeit und Sozialordnung, Familie und Frauen, Staatsinstitut für Frühpädagogik München: Der Bayerische Bildungs- und Erziehungsplan für Kinder in Tageseinrichtungen bis zur Einschulung, Beltz 2006

Brausem Martina/Sargun, Iris: ABC für Kindergartenkinder. Buchstaben ganzheitlich und kreativ erleben. Don Bosco, München 2008

Burtscher, Irmgard Maria: Das große Kita-Bildungsbuch. Naturwissenschaft Mathematik und Technik. Don Bosco, München 2008

Dreyer, Petra/Schillert Ruth: König Plus und Rabe Minus. Zahlen, Formen und Mengen – Kinder erwerben spielerisch mathematische Vorläuferfertigkeiten in Kindergarten und Schuleingangsbereich. Ökotopia Verlag, Münster 2007

Ebbutt, Sheila/Fran Mosley/Carol Skinner: Mathematische Grundbildung im Kindergarten. Bildungsverlag EINS, Troisdorf 2006

Featherstone, Sally: Aktivitätenheft für die frühkindliche Bildung. Ideen für mathematische Spiele. Bildungsverlag EINS, Troisdorf 2008

Liebertz, Charmaine: Das Schatzbuch ganzheitlichen Lernens. Don Bosco, München 2002

Merkel, Johannes: Gebildete Kindheit. Wie die Selbstbildung von Kindern gefördert wird. edition lumiere, Bremen 2005

Preiß, Gerhard: Leitfaden Zahlenland 2, Kirchzarten 2005

Staatsinstitut für Schulpädagogik und Bildungsforschung: Erstrechnen. Handreichungen für Diagnose- und Förderklassen. Teil 1: Grundlegende mathematische Fähigkeiten. Würzburg 1988

Suhr, Antje: Zahlen hüpfen – Buchstaben springen. Bewegungsspiele zur ganzheitlichen Schulvorbereitung. Don Bosco, München 2006

1 2
3 4

5 6
7 8

9

10

Spielend die Welt der Buchstaben entdecken

Ob Affe, Pinguin oder Zebra – mit lustigen Tierfiguren macht das Lernen tierisch Freude. Zu jedem Buchstaben des Alphabets präsentieren die Autorinnen in diesem liebevoll illustrierten Buch vielfältige und kreative Anregungen zum Gestalten, Spielen und Entspannen. So erschließt sich Kindern im Vorschulalter die Welt der Schrift auf bildhafte und spielerische Art und Weise. Ein rundum spannendes und unterhaltsames ABC-Erlebnis.

Martina Brausem / Iris Sargun

ABC für Kindergartenkinder
Buchstaben ganzheitlich und kreativ erleben
108 Seiten, mit farbigem Buchstabenplakat
ISBN 978-3-7698-1665-5

Die optimale Ergänzung

Mein Tier-Alphabet-Memo
52 Bildkarten, mit farbigem Buchstabenplakat
ab 2 Personen
ISBN 978-3-7698-1684-6

Bewegte Sprachförderung für Kita und Schule

Heike Tenta

Literacy in der Kita

Eine Schatzkiste angefüllt mit tollen Ideen rund um lebendige Sprachbegegnung: Chinesische Schriftzeichen, Geräuschespiele, ABC-Atelier und Schreibwerkstatt.

114 Seiten, mit Illustrationen
ISBN 978-3-7698-1607-5

Antje Suhr

Sätze rollen – Wörter fliegen

Sinneswahrnehmungen, Atemübungen, Mundgymnastik, Rhythmikschulung und Ideen zur Wortschatzerweiterung.

132 Seiten, mit Fotos
ISBN 978-3-7698-1704-1

Zahlen hüpfen – Buchstaben springen

Der Zahlenraum bis 20, die Buchstaben des Alphabets, Formen und Farben und vieles andere mehr.

120 Seiten, mit Fotos
ISBN 978-3-7698-1588-7